MW01055817

GERMAN CONVERSATION MADE NATURAL

Engaging Dialogues to Learn German

1st Edition

LANGUAGE GURU

ISBN: 978-1-950321-32-2

Other Books by Language Guru

English Short Stories for Beginners and Intermediate Learners
Spanish Short Stories for Beginners and Intermediate Learners
French Short Stories for Beginners and Intermediate Learners
Italian Short Stories for Beginners and Intermediate Learners
German Short Stories for Beginners and Intermediate Learners
Russian Short Stories for Beginners and Intermediate Learners
Portuguese Short Stories for Beginners and Intermediate Learners
Korean Short Stories for Beginners and Intermediate Learners

Fluent English through Short Stories
Fluent Spanish through Short Stories

English Conversation Made Natural
Spanish Conversation Made Natural
French Conversation Made Natural
Italian Conversation Made Natural
Russian Conversation Made Natural
Portuguese Conversation Made Natural
Korean Conversation Made Natural

TABLE OF CONTENTS

———

INTRODUCTION

We all know that immersion is the tried and true way to learn a foreign language. After all, it's how we got so good at our first language. The problem is, it's extremely difficult to recreate the same circumstances when we are learning our second language. We come to rely so much on our native language for everything, and it's hard to make enough time to learn the second one.

We aren't surrounded by the foreign language in our home countries. More often than not, our families can't speak this new language we want to learn. Plus, many of us have stressful jobs or classes to attend. Immersion can seem like an impossibility.

What we can do, however, is to gradually work our way up to immersion, no matter where we are in the world. The way we can do this is through extensive reading and listening. If you have ever taken a foreign language class, chances are you are familiar with intensive reading and listening. In intensive reading and listening, a small amount of text or a short audio recording is broken down line by line, and every new word is looked up in the dictionary.

Extensive reading and listening, on the other hand, is quite the opposite. You read a large number of pages or listen to hours and hours of the foreign language without worrying about understanding everything. You look up as few words as possible and try to get through material from start to finish as quickly as you can. If you ask the most successful language learners, you'll find that the best results are delivered not by intensive reading and listening but, rather, by extensive reading and listening. Volume is exponentially more effective than total comprehension and memorization.

If you cannot understand native German speakers, it is precisely because of a lack of volume. You simply have not read or listened enough to be able to instantly understand people like you can in your native language. This is why it's so important to invest as much time as possible into immersing yourself in native German every single day.

To be able to read extensively, you must practice reading in the foreign language for hours every single day. It takes a massive volume of text before your brain stops intensively reading and shifts into extensive reading. Until that point, be prepared to look up quite a few words in the dictionary.

This book provides a few short German-language dialogues that you can use to practice extensive reading. These conversations were written and edited by native German speakers. They use 100 percent real German as used by native German speakers every single day.

We hope these dialogues help build confidence in your overall reading comprehension skills and encourage you to read more native material. We also hope that you enjoy the book and that it brings you a few steps closer to extensive reading and fluency!

HOW TO USE THIS BOOK

To better simulate extensive reading, we recommend keeping things simple and using the dialogues in the following manner:

1. Read each conversation just once and no more.

2. Whenever you encounter a word you don't know, first try to guess its meaning by using the surrounding context before going to the dictionary.

3. After completing the reading for each chapter, test your understanding of the dialogue by answering the comprehension questions. Check your answers using the answer key located at the end of the book.

We also recommend that you read each conversation silently. While reading aloud can be somewhat beneficial for pronunciation and intonation, it's a practice aligned more with intensive reading. It will further slow down your reading pace and make it considerably more difficult for you to get into extensive reading. If you want to work on pronunciation and intonation, a better option would be to speak to a tutor in the foreign language so that you can practice what you have learned.

Memorization of any kind is completely unnecessary. Attempting to forcibly push new information into your brain only serves to eat up your time and make it that much more frustrating when you can't recall the information in the future. The actual language acquisition process occurs subconsciously, and any effort to memorize new vocabulary and grammar structures will store this information only in your short-term memory.

If you wish to review new information that you have learned from the dialogues, several other options would be wiser. Spaced Repetition Systems (SRS) allow you to cut down on your review time by setting specific intervals in which you are tested on information to promote long-term memory storage. Anki and the Goldlist Method are two popular SRS choices that give you the ability to review whatever information you'd like from whatever material you'd like.

Trying to actively review everything you learned through these conversational dialogues will slow you down on your overall path to fluency. While there may be an assortment of things you want to practice and review, the best way to go about internalizing new vocabulary and grammar is to forget it! If it's that important, it will come up through more reading and listening to other sources of German. Languages are more effectively acquired when we allow ourselves to read and listen to them naturally.

With that, it is time to get started with our main character Karl and his story told through 29 dialogues. Good luck, reader!

KAPITEL 1:

STUDIENFACH WECHSELN

(Karl ist in die Studienberatung gekommen, um sein Studienfach zu wechseln).

Karl: Ich bin mir einfach nicht sicher, welche Art von Arbeit ich machen will.

Beraterin: Und das ist völlig normal. Viele von uns gehen durchs Leben und versuchen herauszufinden, wo sie hingehören.

Karl: Naja, also Geschichte will ich sicher nicht machen. Das kann ich Ihnen sagen. Ich war in der Schule wirklich gut darin, aber ich glaube einfach nicht, dass ich das für den Rest meines Lebens machen kann.

Beraterin: Ich wünschte, ich könnte Ihnen sagen, was Ihre wahre Leidenschaft ist. Wenn ich das könnte, wäre diese ganze Sache mit der "Wahl des Studienfachs und der Karriere" jetzt viel einfacher, nicht wahr?

Karl: Sie brauchen wirklich eine Kristallkugel an Ihrem Schreibtisch.

Beraterin: Ich weiß, nicht wahr? Ich könnte genauso gut auch im Zaubergewand und Hut zur Arbeit kommen.

Karl: Gerade denke ich, dass ich mein Hauptfach ändern muss, aber ich weiß noch nicht genau, was ich studieren werde. Daher werde ich ein wenig in mich gehen und nachdenken.

Beraterin: Das ist in Ordnung. Das ist genau das, wofür die Uni da ist.

Fragen zum Verständnis

1. Was war Karls ursprüngliches Hauptfach, bevor er sich dazu entschieden hat, zu wechseln?
    A. Chemie
    B. Geschichte
    C. Beratung
    D. Zauberer

2. Zu welchem Hauptfach hat Karl sich entschieden zu wechseln?
    A. Chemie
    B. Beratung
    C. Geschichte
    D. Noch nicht entschieden

3. Wenn jemand "in sich geht", was macht er wirklich?
    A. Man hat die Seele verloren und ist nun auf der Suche nach ihr.
    B. Man ist auf der Suche nach der Liebe des Lebens.
    C. Man nimmt sich Zeit, über Gefühle und Motive nachzudenken.
    D. Man ist auf Geisterjagd.

English Translation

(Karl has come to the student counseling office to change his major.)

Karl: I'm just not sure what kind of work I want to do.

Counselor: And that's perfectly normal. A lot of us drift around in life trying to figure out where we belong.

Karl: Well, I certainly don't want to do history. I can tell you that. I was really good at it in high school, but I just don't think I can do it for the rest of my life.

Counselor: I wish I could tell you what your true passion is. If I could, this whole "choosing a major and career" thing would be much more straightforward now, wouldn't it?

Karl: You really need a crystal ball at your desk.

Counselor: I know, right? I might as well come to work dressed in a wizard's robe and hat, too.

Karl: Right now, I think I need to change my major, but I don't know exactly what I'm going to study yet. So, I need to do a little soul searching and think on it.

Counselor: That's OK. That's exactly what university is for.

KAPITEL 2:
ZOCKEN

(Karl geht rüber zum Haus seines besten Freundes Fynn, um dort abzuhängen und Videospiele zu spielen).

Fynn: Mist! Ich bin wieder gestorben. Dieses Level ist viel zu hart, Mann.

Karl: Schau. Wir haben keine Teamarbeit. Wir werden diesen Gegner nie schlagen, wenn wir nicht zusammen spielen.

Fynn: Unsere Charaktere sind wie Öl und Wasser. Sie vermischen sich nicht.

Karl: Was, wenn ich ihn ablenke, während du so viel Schaden wie möglich anrichtest? Wenn er anfängt, dich ins Visier zu nehmen, tauschen wir die Plätze.

Fynn: Also wie ein Katz-und-Maus-Spiel?

Karl: Ja, aber es gibt zwei Mäuse. Und die Mäuse haben Waffen.

Fynn: Lass es uns versuchen.

(Die beiden nehmen das Spiel wieder auf.)

Fynn: Hey, wir haben es geschafft.

Karl: Juhu!

Fynn: Ich kann nicht glauben, dass das tatsächlich funktioniert hat. Das war großartig! Yo, wir sollten rausgehen und uns einen Snack zum Feiern holen.

Karl: In Ordnung. Los geht's.

Fragen zum Verständnis

1. Welche beiden Substanzen lassen sich nicht gut miteinander vermischen?
    A. Öl und Wasser
    B. Salz und Wasser
    C. Zucker und Wasser
    D. Feuer und Wasser

2. Wie besiegen die Jungen den Gegner im Spiel?
    A. Sie holen sich Snacks zum Feiern.
    B. Sie arbeiten als Team zusammen.
    C. Sie spielen nicht zusammen.
    D. Sie kaufen bessere Waffen.

3. Wie feiern Karl und Fynn ihren Sieg?
    A. Sie klatschen sich ab.
    B. Sie spielen etwas Musik.
    C. Sie gehen raus und holen sich Snacks.
    D. Sie feiern ihren Sieg nicht.

English Translation

(Karl goes over to his best friend Fynn's house to hang out and play video games.)

Fynn: Bah! I died again. This level is way too hard, man.

Karl: Look. We don't have any teamwork. We're never gonna beat this boss if we don't play together.

Fynn: Our characters are like oil and water. They don't mix together.

Karl: What if I distract him while you deal as much damage as possible? When he starts targeting you, we will change places.

Fynn: So, like a game of cat and mouse?

Karl: Yeah, but there are two mice. And the mice have weapons.

Fynn: Let's try it.

(The two resume playing.)

Fynn: Hey, we did it.

Karl: Yay!

Fynn: I can't believe that actually worked. That was great! Yo, we should go out and get a snack to celebrate.

Karl: Alright. Let's go.

KAPITEL 3:

IM GESCHÄFT

(Die beiden befinden sich in ihrem örtlichen Lebensmittelgeschäft und durchstöbern die Regale des Geschäfts).

Karl: Also, was willst du essen?

Fynn: Lass uns Sandwiches besorgen.

(Sie bringen ihre Einkäufe an die Kasse. Nachdem sie ihr Essen bezahlt haben, gehen sie zu Karls Auto und essen darin).

Fynn: Wow, das ist wirklich gut. Schmecke ich da Avocado?

Karl: Avocado und rote Paprika, glaube ich.

Fynn: Also, was ist in letzter Zeit mit dir los? Ich hab gehört, dass dir dein Studium doch nicht mehr so gefällt.

Karl: Ja. Ich habe keine Ahnung, was ich machen will.

Fynn: Ich auch nicht. Ich will nicht einmal darüber nachdenken.

Karl: Irgendwann muss man das doch, oder?

Fynn: Nein.

Karl: Wie sieht es aus, wenn man 30 wird?

Fynn: Dann auch nicht.

Karl: 80?

Fynn: Ich werde ein Gamer sein bis zu dem Tag, an dem ich sterbe. Sie werden mir den Controller aus meinen kalten, toten Händen reißen, wenn ich nicht mehr bin.

Fragen zum Verständnis

1. Wo bezahlen Sie in einem Lebensmittelgeschäft normalerweise für Ihre Einkäufe?
    A. An der Tür
    B. Im Büro
    C. Im Lagerraum
    D. An der Kasse

2. Welchen Artikel werden Sie wahrscheinlich NICHT in einem Lebensmittelgeschäft finden?
    A. Sandwiches
    B. Snacks
    C. Getränke
    D. Controller

3. Wo essen die jungen Männer ihre Sandwiches?
    A. Im Lebensmittelgeschäft
    B. In Fynns Auto
    C. In Karls Wagen
    D. Im Inneren der Sandwiches

English Translation

(The two are inside their local grocery store browsing the store's shelves.)

Karl: So, what do you want to eat?

Fynn: Let's get sandwiches.

(The boys bring their purchases to the check-out counter. After paying for their food, they go out to eat in Karl's car.)

Fynn: Wow, this is really good. Is that avocado I taste?

Karl: Avocado and red pepper, I think.

Fynn: So, what's going on with you lately? I heard that you don't like your studies so much anymore.

Karl: Yeah. I have no idea what I want to do.

Fynn: Same. I don't even want to think about it.

Karl: You eventually have to, right?

Fynn: Nope.

Karl: How about when you turn 30?

Fynn: Not then either.

Karl: 80?

Fynn: I will be a gamer to the day I die. They'll be prying the controller out of my cold, dead hands when I'm gone.

KAPITEL 4:
PÜNKTLICH

(Karl arbeitet in einem örtlichen Pizzaliefergeschäft als Teilzeit-Lieferfahrer. Im Inneren des Ladens unterhalten sich Karl und die Geschäftsführerin des Pizzaladens, während er Pizzaschachteln faltet).

Lina: Also habe ich ihn gefeuert. Ich verstehe, dass sich Dinge ergeben, und man an manchen Tagen zu spät kommt. Aber nicht anzurufen und nicht zu erscheinen ist unentschuldbar.

Karl: Ich verstehe. Er war freundlich und es hat Spaß gemacht, mit ihm zu sein, aber nicht anzurufen und nicht zu erscheinen ist ziemlich schlecht.

Lina: Das passiert von Zeit zu Zeit. Hier arbeiten so viele Studenten, und einige von ihnen wollen die ganze Nacht feiern. Dann sind sie zu verkatert oder zu müde, um zur Arbeit zu kommen. Ich wünschte, sie würden wenigstens mal vorbeischauen.

Karl: Wow, ich glaube, Sie sind die nachsichtigste Chefin, den ich je hatte.

Lina: Oh, nein. Ich würde sie immer noch feuern, wenn ich wüsste, dass das der Grund für ihren Anruf war. Wir brauchen ein zuverlässiges Team, um dieses Geschäft zu leiten.

Karl: Erinnern Sie mich daran, nie Ihre schlechte Seite kennenzulernen.

Lina: Sie wären einer der Ersten, die ich befördern würde, ehrlich gesagt.

Karl: Wirklich?

Lina: Ein zweiter Manager wäre nett. Ich bin jeden Tag hier, und das ist nicht gut für meine psychische Gesundheit. Ich brauche eine Auszeit.

Karl: Wow. Ich weiß gar nicht, was ich sagen soll.

Lina: Das müssen Sie nicht. Der nächste Auftrag ist fertig. Liefern Sie ihn aus.

Fragen zum Verständnis

1. Was bedeutet "nicht anrufen, nicht erscheinen"?
    A. Ein Mitarbeiter wird entlassen
    B. Abwesenheit eines Mitarbeiters von der Arbeit ohne Benachrichtigung des Arbeitgebers
    C. Eine ungeschriebene Regel am Arbeitsplatz
    D. Eine Regel, die den Gebrauch von Smartphones am Arbeitsplatz verbietet

2. Was ist das Gegenteil von "nachsichtig"?
    A. Streng
    B. Gerade
    C. Schlau
    D. Überlegen

3. Warum will Lina einen zweiten Manager einstellen?
    A. Sie möchte in der Lage sein, mit den anderen örtlichen Pizzalieferungsgeschäften zu konkurrieren.
    B. Sie möchte befördert werden.
    C. Sie will kündigen.
    D. Sie möchte für ihre psychische Gesundheit eine Auszeit von der Arbeit nehmen.

English Translation

(Karl works at a local pizza delivery shop as a part-time delivery driver. Inside the store, Karl and the pizza store's general manager are chatting while folding pizza boxes.)

Lina: So, I fired him. I understand that things come up, and some days you are going to be late. But a no-call, no-show is inexcusable.

Karl: I see. He was friendly and fun to be around, but a no-call, no-show is pretty bad.

Lina: It happens from time to time. So many college kids work here, and some of them want to party all night. Then they are too hungover or tired to come to work. I wish they would just call in at the very least.

Karl: Wow, I think you're the most lenient boss I've ever had.

Lina: Oh no. I would still fire them if I knew that was the reason they called in. We need a reliable team to run this place.

Karl: Remind me to never get on your bad side.

Lina: You'd be one of the first ones I would promote, honestly.

Karl: Really?

Lina: A second manager would be nice. I'm here every day, and it's not good for my mental health. I need the time off.

Karl: Wow. I don't even know what to say.

Lina: You don't have to. The next order is ready. Go deliver it.

KAPITEL 5:
MIT KLASSENKAMERADEN REDEN

(Karl ist in der Uni und besucht eine Geschichtsvorlesung).

Professor: Das wär's für heute. Vergessen Sie nicht, für die bevorstehende Abschlussprüfung zu lernen. Für jede Stunde, die Sie hier verbringen, sollten Sie mindestens zwei Stunden wiederholen.

(Die Studierenden beginnen, ihre Habseligkeiten zusammenzupacken und den Hörsaal zu verlassen. Ein Student zur Linken von Karl beginnt ein Gespräch).

Klassenkamerad: Zwei Stunden? Das ist viel zu viel! Wir alle haben ein Leben, weißt du?
Karl: Ja, es ist eine Menge.
Klassenkamerad: Ich verstehe, dass wir lernen müssen, um eine gute Note zu bekommen und so weiter, aber Alter.
Karl: Ich weiß, das ist viel Arbeit. Dabei gibt es so viele Dinge, die ich tun möchte, während ich noch jung bin.
Klassenkamerad: Ich verstehe. Ja, hier ist jeden Tag so viel los. Hast du von dem 48-Stunden-Filmfestival gehört, das dieses Wochenende stattfindet?

Karl: Ist das das, bei dem jedes Team 48 Stunden Zeit hat, um einen Film zu drehen? Ich habe davon gehört. Gehst du hin?

Klassenkamerad: Aber sicher. Ich werde mit ein paar Freunden teilnehmen und sehen, was passiert. Was ist mit dir?

Karl: Nee, ich kann überhaupt nichts machen, was mit Film zu tun hat. Ich bin mir nicht einmal sicher, ob ich 48 Sekunden durchhalten würde, bevor ich etwas vermasselt habe. Ich habe aber darüber nachgedacht, Kochkurse zu belegen.

Fragen zum Verständnis

1. Wenn Sie 10 Stunden im Unterricht verbracht haben, wie viele Stunden sollten Sie nach Aussage des Professors für die Abschlussprüfung wiederholen?
   A. 10 Stunden
   B. 15 Stunden
   C. 20 Stunden
   D. 25 Stunden

2. Wo findet das Gespräch in diesem Kapitel statt?
   A. In einer Beratungsstelle
   B. Im Büro des Professors
   C. Auf einem Festival
   D. In einem Hörsaal

3. Was passiert bei einem 48-Stunden-Filmfestival?
   A. Menschen versammeln sich in einem großen Theater, um sich 48 Stunden lang Filme anzusehen.
   B. Die Leute kommen zusammen, um die Premiere eines neuen Films zu sehen, der 48 Stunden lang ist.
   C. Teams treten an, um in weniger als 48 Stunden den besten Film zu erstellen.
   D. Teams nehmen an einem 48-Stunden-Ultramarathon-Rennen teil und filmen es.

English Translation

(Karl is at school attending a history lecture.)

Professor: That will be it for today. Don't forget to study for the upcoming final exam. For every hour you spend here, you should spend at least two hours reviewing.

(The students start packing up their belongings and leaving the lecture hall. A student to the left of Karl starts up a conversation.)

Classmate: Two hours? That's way too much! We all have lives, you know?
Karl: Yeah, it's a lot.
Classmate: I get that we have to study to get a good grade and all, but dude.
Karl: I know. It's a lot of work. There are so many things I want to do while I'm still young.
Classmate: I see. Yeah, there is so much going on here every day. Did you hear about the 48-hour film festival coming up this weekend?
Karl: That's the one where each team has 48 hours to make a movie, right? I did hear about that. Are you going?
Classmate: Sure am. Gonna enter with some friends and see what happens. How about you?
Karl: Nah, I can't do anything film-related at all. I'm not even sure I would last 48 seconds before screwing something up. I have been thinking about taking up cooking classes, though.

KAPITEL 6:

DIE GEHEIME ZUTAT

(Karl nimmt an einem Kochkurs am Abend teil, der im Studentenzentrum auf dem Campus stattfindet).

Kursleiter: Die Zwiebeln sind der wichtigste Teil dieses Rezeptes. Sie müssen richtig gewürzt werden, sonst hat das Curry nicht so viel Geschmack.

Kursteilnehmer #1: Man fügt also Salz, Pfeffer, Knoblauch und Ingwer hinzu, wenn die Zwiebeln kochen?

Kursleiter: Ja, und jetzt kommt die geheime Zutat.

Kursteilnehmer #2: Was ist die geheime Zutat?

Kursleiter: Es wäre kein Geheimnis mehr, wenn ich es Ihnen sagen würde.

Karl: Aber wie sollen wir dieses Gericht zu Hause zubereiten?

Kursleiter: Die Person, die die geheime Zutat errät, erhält einen Preis!

Kursteilnehmer #1: Okay. Ist es Kokosnuss?

Kursleiter: Nein.

Kursteilnehmer #2: Wie wäre es mit Olivenöl?

Kursleiter: Versuchen Sie es noch einmal.

Karl: Ist es Liebe?

Kursleiter: Das ist die geheime Zutat in allem, also nein.

Kursteilnehmer #1: Eiscreme?

(Der Kursleiter starrt Student #1 kalt an.)

Karl: Ich glaube, er will damit sagen, dass wir alle aufgeben.

Kursleiter: Sehr gut. Die richtige Antwort ist Basilikum. Und da niemand richtig geraten hat, sieht es so aus, als ob ich den Preis behalten werde, um ihn ganz allein zu genießen.

Fragen zum Verständnis

1. Womit würzt der Kursleiter die Zwiebeln?

    A. Mit Salz, Pfeffer, Knoblauch und Ingwer

    B. Mit Salz, Pfeffer und Olivenöl

    C. Mit Salz, Pfeffer und Kokosnussöl

    D. Mit Eiscreme

2. Wo findet der Kochkurs statt?

    A. Im Studentenzentrum außerhalb des Campus

    B. Im Hörsaal

    C. Außerhalb des Campus

    D. Im Studentenzentrums auf dem Campus

3. Was war der Preis für das Erraten der geheimen Zutat?

    A. Basilikum

    B. Bargeld

    C. Eiscreme

    D. Unbekannt

English Translation

(Karl attends an evening cooking class located inside the student center on campus.)

Instructor: The onions are the most important part of this recipe. They have to be seasoned properly, or the curry will not have as much flavor.

Student #1: So, you add salt, pepper, garlic, and ginger when cooking the onions?

Instructor: Yes, and now comes the secret ingredient.

Student #2: What's the secret ingredient?

Instructor: It wouldn't be a secret anymore if I told you.

Karl: But how are we supposed to make this dish at home?

Instructor: The person who guesses the secret ingredient gets a prize!

Student #1: OK. Is it coconut?

Instructor: No.

Student #2: How about olive oil?

Instructor: Try again.

Karl: Is it love?

Instructor: That's the secret ingredient in everything, so nope.

Student #1: Ice cream?

(The instructor coldly stares at Student #1.)

Karl: I think he means to say that we all give up.

Instructor: Very well then. The correct answer is basil. And since no one guessed right, it looks like I will be keeping the prize to enjoy all by myself.

KAPITEL 7:
VERABREDUNG MIT EINER FREMDEN

(Karl hat jemanden online über eine Dating-App kennengelernt. Nachdem sie einige Tage gechattet haben, verabreden sie sich persönlich zu einem Date in einem örtlichen Café).

Karl: Hallo, bist du Mila?
Mila: Ja. Hallo.
Karl: Ich bin Karl. Freut mich, dich kennenzulernen.
Mila: Freut mich auch, dich kennenzulernen.
Karl: Du siehst in natura viel süßer aus.
Mila: Oh, danke. Du auch.
Karl: Also, äh, kommst du oft in dieses Café?
Mila: Ja, manchmal.
Karl: Wann?
Mila: Nach der Uni.
Karl: Oh, das ist cool. Was ist dein Hauptfach?
Mila: Informatik.
Karl: Wie klappt das für dich?
Mila: Es macht irgendwie Spaß, denke ich.
Karl: Wie bist du da hineingeraten?
Mila: Ähm, nun, es wird ziemlich gut bezahlt.
Karl: Stimmt.

Mila: Ja.
Karl: Man muss Jobs lieben, die einem gutes Geld einbringen.
Mila: Mmmhmm.

(Die beiden sitzen etwa 10 Sekunden lang in peinlicher Stille).

Mila: Oh. Äh, ich habe gerade eine SMS von einem Freund bekommen. Ich denke, ich sollte mich mit ihm treffen.
Karl: Oh, okay. Nun, es war nett, dich kennengelernt zu haben.

(Mila nimmt ihre Habseligkeiten und verlässt das Café. Karl holt sofort sein Smartphone heraus und beginnt, darüber nachzudenken, was schief gelaufen ist).

Fragen zum Verständnis

1. Wo hat Karl Mila zum ersten Mal getroffen?
   A. Beim Kochkurs
   B. In einer seiner Kurse
   C. Sie arbeiten beide beim selben Pizzalieferdienst.
   D. In einer Online-Dating-App

2. Wie würden Sie den allgemeinen Ton des Gesprächs in diesem Kapitel beschreiben?
   A. Peinlich
   B. Ernsthaft
   C. Arrogant
   D. Intim

3. Wann wird das zweite Treffen zwischen Karl und Mila stattfinden?
   A. Wenn Karl seinen nächsten Gehaltsscheck bekommt
   B. Irgendwann während des Wochenendes
   C. Wenn das Semester endet
   D. Es wird wahrscheinlich kein zweites Treffen geben.

English Translation

(Karl has met someone online through a dating app. After chatting for a few days, they meet in person for a date at a local coffee shop.)

Karl: Hi, are you Mila?
Mila: Yes. Hi.
Karl: I'm Karl. Nice to meet you.
Mila: Nice to meet you, too.
Karl: You look a lot cuter in person.
Mila: Oh, thanks. You, too.
Karl: So, uh, do you come to this coffee shop a lot?
Mila: Yeah, sometimes.
Karl: When?
Mila: After school.
Karl: Oh, that's cool. What is your major?
Mila: Computer science.
Karl: How's that working out for you?
Mila: It's kind of fun, I guess.
Karl: What got you into that?
Mila: Um, well, it pays pretty well.
Karl: It does, doesn't it?
Mila: Yup.
Karl: You got gotta love jobs that pay you good money.
Mila: Mmmhmm.

(The two sit in awkward silence for roughly 10 seconds.)

Mila: Oh. Uh, I just got a text from a friend. I think I should go meet them.
Karl: Oh, OK. Well, it was nice meeting you.

(Mila picks up her belongings and leaves the coffee shop. Karl immediately takes out his smartphone and starts to ponder what went wrong.)

KAPITEL 8:

FITNESSSTUDIO

(Karl hat beschlossen, mit dem Training im Uni-Fitnessstudio auf dem Campus zu beginnen. Er will gerade mit dem Heben von Gewichten beginnen, als er sich dazu entschließt, um Hilfe zu bitten).

Karl: Entschuldigen Sie. Es tut mir leid, Sie zu stören.

Fremder: Kein Problem. Was kann ich für Sie tun?

Karl: Ich habe heute erst mit dem Krafttraining begonnen und mich gefragt, wie Sie so schlank und muskulös geworden sind? Das ist wirklich beeindruckend.

Fremder: Oh, äh, danke. Es erfordert harte Arbeit und Zeit, wie alles andere auch.

Karl: Nehmen wir an, Sie hätten acht Wochen Zeit, um von Grund auf in Form zu kommen. Was würden Sie tun?

Fremder: Nun, Sie werden ziemlich begrenzte Ergebnisse erzielen, wenn Sie nur acht Wochen lang trainieren. Die Fitnessbranche will Ihnen weismachen, dass Sie den Körperbau eines professionellen Models in acht Wochen erreichen können, wenn Sie nur das kaufen, was sie verkauft.

Karl: Ich weiß es nicht. Ich habe schon viele erstaunliche Vorher-Nachher-Fotos gesehen.

Fremder: Das ist ein weiterer Trick. Diese bezahlten Schauspieler hatten schon eine Menge Muskeln, bevor sie eine Diät machten, um das ganze Fett loszuwerden.

Karl: Also gut. Was für ein achtwöchiges Programm würden Sie einem Anfänger empfehlen?

Fremder: Ich sage Ihnen was. Wenn Sie mit den Grundlagen beginnen und schwere Kniebeugen, Kreuzheben und Bankdrücken machen, werden Sie einige sehr reale Kraft- und Größengewinne feststellen.

Karl: OK. Können Sie mir zeigen, welche Geräte ich dafür verwende?

Fremder: Dies sind Langhantelübungen. Wenn Sie mit der Langhantel trainieren, können Sie drei Mal so viel Muskeln zulegen.

Karl: Ich weiß nicht. Das scheint ziemlich schwer zu sein.

Fremder: So soll es sein. Genau so wird man groß und stark.

Karl: Das werde ich mir merken. Was würden Sie ernährungstechnisch tun?

Fremder: Sie sollten einen kleinen Kalorienüberschuss zu sich nehmen, der etwa 200–300 Kalorien über dem liegt, was Sie normalerweise essen. Und nicht Junk Food, sondern nahrhaftes Essen, das auch reich an Proteinen ist.

Karl: Meinen Sie damit, dass ich Kalorien zählen muss?

Fremder: Das muss man nicht unbedingt. Beginnen Sie damit, Junk Food aus Ihrer Ernährung zu streichen und es durch viele gesunde Lebensmittel zu ersetzen.

Karl: OK, ich verstehe. Ich weiß die Hilfe wirklich zu schätzen. Ich werde sehen, was ich tun kann.

(Überwältigt von den Informationen, die ihm der Fremde gegeben hat, beschließt Karl, stattdessen einen Lauf auf dem Laufband zu machen).

Fragen zum Verständnis

1. Welcher der folgenden Punkte beschreibt den Körperbau des Fremden am genauesten?
   A. Massiv und sperrig
   B. Schlank und muskulös
   C. Gebrechlich und mager
   D. Flauschig und schwabbelig

2. Was bedeutet es, "in Form zu kommen"?
   A. Durch Bewegung körperlich fitter werden
   B. Etwas in eine bestimmte Form zu biegen, so dass es in irgendetwas anderes passt
   C. Ein Gestaltwandler werden
   D. Den Körper beugen, um bestimmte Übungen auszuführen

3. Der Fremde empfiehlt Karl einige Dinge, was empfiehlt er ihm NICHT?
   A. Nahrhafte Lebensmittel mit einem Kalorienüberschuss essen
   B. Junk Food mit einem Kaloriendefizit essen
   C. Kein Junk Food mehr essen
   D. Langhantelübungen machen

English Translation

(Karl has decided to start working out at the college gym on campus. He is just about to start lifting weights when he decides to ask for help.)

Karl: Excuse me. Sorry to bother you.

Stranger: No problem. What can I do for you?

Karl: I just started weight training today, and I was wondering, how did you get so lean and shredded? It's really impressive.

Stranger: Oh, uh, thanks. It takes hard work and time just like anything else.

Karl: Let's say you had eight weeks to get into shape starting from scratch. What would you do?

Stranger: Well, you're going to get pretty limited results if you work out for only eight weeks. The fitness industry would have you believe that you can get a professional model's physique in eight weeks if you just buy what they are selling.

Karl: I don't know. I've seen a lot of amazing before-and-after photos.

Stranger: That's another trick. Those paid actors already had a lot of muscle on them before they went on a diet to cut all the fat.

Karl: Alright then. What kind of eight week program would you recommend for a beginner?

Stranger: I'll tell you what. If you start with the basics and do heavy squats, deadlifts, and bench presses, you'll see some very real strength and size gains.

Karl: OK. Can you show me which machines I use for those?

Stranger: These are barbell exercises. You'll get triple the gains if you train with the barbell.

Karl: I don't know. That seems pretty hard.

Stranger: It's supposed to be. That's how you get big and strong.

Karl: I'll keep that in mind. What would you do diet-wise?

Stranger: You're going to want to eat a small calorie surplus that's about 200-300 calories above what you normally eat. And not junk food but nutritious food that's also high in protein.

Karl: Do you mean I have to count calories?

Stranger: You don't have to necessarily. Start by cutting all junk food from your diet and replacing it with lots of healthy foods.

Karl: OK, I see. I really appreciate the help. I'll see what I can do.

(Overwhelmed by the information given to him by the stranger, Karl decides to go for a run on the treadmill instead.)

KAPITEL 9:
DER JÜNGSTE TREND

(Karl geht rüber zu Fynns Haus, um dort die Nacht zu verbringen).

Fynn: Also, wie lief der Termin diese Woche mit diesem Mädchen?

Karl: Schrecklich. Es hat nicht länger als drei Minuten gedauert.

Fynn: Autsch. War es einer dieser Dates, bei denen es sofort unangenehm war?

Karl: Ziemlich genau. Ich denke, es liegt an meinem Aussehen, aber man weiß ja nie, oder?

Fynn: Wenigstens suchst du nach Liebe. Du findest bestimmt jemanden, wenn du es weiter versuchst.

Karl: Was ist mit dir? Ich weiß, du bist knapp bei Kasse, aber ...

Fynn: Du hast gerade deine eigene Frage beantwortet.

Karl: Wie geht es mit der Jobsuche voran?

Fynn: Gut. Hey, hast du von der heutigen Ankündigung gehört?

Karl: Nein. Was war es?

Fynn: Sie haben heute das neue RPG angekündigt. Es sieht absolut verrückt aus. Sie haben sogar ein paar A-Prominente angeheuert, um die Synchronsprecher zu spielen. Der Hype um dieses Spiel ist unwirklich. Ich habe es unmittelbar nach Ende der Presseveranstaltung vorbestellt.

Karl: Das Internet steht immer wegen irgendetwas in Flammen. Ich habe immer noch nicht das große Spiel gespielt, das dieses Jahr herauskam. Es ist, als ob, sobald ich ein Spiel beendet habe, 10 weitere auftauchen, die ich spielen soll. Ich kann einfach nicht mithalten.

Fynn: Ich kann das.

Karl: Wie?

Fynn: Einfach. Ich habe kein Leben. Dann hat man plötzlich alle Zeit der Welt. Problem gelöst.

Fragen zum Verständnis

1. Auf welche Frage bezieht sich Fynn, wenn er sagt "Du hast gerade deine eigene Frage beantwortet"?
   A. Auf die Frage, wie Karls Verabredung verlief
   B. Auf die Frage, wie Karl aussieht
   C. Auf die Frage, wie es mit Fynns Liebesleben läuft
   D. Auf die Frage, was heute angekündigt wurde

2. Was ist ein "A-Prominenter"?
   A. Eine Berühmtheit, die derzeit an der Spitze ihrer Karriere steht
   B. Eine Berühmtheit, die auf einer Liste erscheint
   C. Eine Berühmtheit, die in der Schule gute Noten erhielt
   D. Eine Feier der Berühmtheiten

3. Was bedeutet es, "kein Leben zu haben"?
   A. Tot sein
   B. Bewusstlos sein
   C. Spieler verbrauchen Leben in einem Videospiel
   D. Seine gesamte Zeit mit nichts Bedeutendem oder Bedeutungsvollem zu verbringen

English Translation

(Karl goes over to Fynn's house to spend the night there.)

Fynn: So, how did that date go this week with that girl?

Karl: Terrible. It didn't last longer than three minutes.

Fynn: Ouch. Was it one of those dates where it was immediately awkward?

Karl: Pretty much. I'm thinking it's because of the way I look, but you never know, right?

Fynn: At least you're looking for love. You're bound to find someone if you keep trying.

Karl: What about you? I know you're low on money but...

Fynn: You just answered your own question.

Karl: How's the job hunt coming along?

Fynn: Good. Hey, did you hear about the announcement today?

Karl: No. What was it?

Fynn: They announced the new RPG today. It looks absolutely insane. They even hired a few A-list celebrities to do the voice acting. The hype surrounding this game is unreal. I pre-ordered it immediately after the press event ended.

Karl: The internet is always on fire over something. I still haven't played the big game that came out this year. It's like, as soon I finish one game, 10 more pop up that I should play. I just can't keep up.

Fynn: I can.

Karl: How?

Fynn: Easy. Don't have a life. Do that and suddenly you have all the time in the world. Problem solved.

KAPITEL 10:

AUFOPFERN

(Karl ist bei der Arbeit und plaudert mit Lina, während er Pizzaschachteln faltet).

Lina: Wir haben heute Abend viele Lieferungen vor uns. Es wird eine geschäftige Nacht werden. Ich mag es, wenn es geschäftig ist. Das heißt, die Zeit vergeht wie im Flug, und wir sind wieder zu Hause, ehe man sich versieht.

Karl: Ich habe gehört, Sie haben einen Sohn. Wie alt ist er?

Lina: Er ist erst neulich 15 Jahre alt geworden.

Karl: Also, er bleibt abends zu Hause bei seinem Papa, während Sie hier sind?

Lina: Er hat einen Vater, aber keinen Papa.

Karl: Sie haben ihn also ganz allein aufgezogen?

Lina: Das habe ich. Mein Sohn sieht das natürlich nicht so. Ich musste fast jeden Tag zur Arbeit gehen, um unsere Rechnungen zu bezahlen, sodass wir nicht viel Zeit miteinander verbringen konnten. Meine Mutter, seine Großmutter, ist diejenige, die sich um ihn gekümmert hat, während ich arbeitete.

Karl: Aber jetzt ist er alt genug, um allein zu Hause zu bleiben, oder?

Lina: Ja. Es ist gut für meine Mutter, die die Pause brauchte, aber jetzt ist er einsam, wissen Sie?

Karl: Das ist hart.

Lina: Wir konkurrieren mit zwei anderen Pizzalieferanten, und ich brauche alles, um diesen Laden am Laufen zu halten. Wenn ich auch nur einen Tag frei nehme, bekomme ich einen Anruf vom Besitzer, und der ruft nie an, es sei denn, es ist etwas Schlimmes.

Karl: Wow, das ist eine Menge Stress. Wenn Sie sich dadurch besser fühlen, denken Sie daran, dass Ihr Sohn eines Tages zurückblicken und erkennen wird, wie viel seine Mutter für ihn geopfert hat.

Lina: Kann dieser Tag heute sein, bitte?

Fragen zum Verständnis

1. Warum mag Lina geschäftige Nächte?

    A. Sie verdient an diesen Abenden das meiste Geld.

    B. Die Zeit vergeht schnell, was bedeutet, dass jeder früher nach Hause gehen kann.

    C. Der Eigentümer kommt zu Besuch.

    D. Es bedeutet, dass es eine Feier nach der Arbeit geben wird.

2. Von wem wurde der Sohn von Lina großgezogen?

    A. Von Lina und ihrem Mann, die die ganze Zeit arbeiteten

    B. Von Lina, die die ganze Zeit arbeitete, und von Linas Mutter, die zu Hause auf ihn aufpasste

    C. Von Pflegeeltern, die zu Hause auf ihn aufgepasst haben

    D. Von Erziehern in einem Waisenhaus

3. Was passiert, wenn Lina einen Tag frei nimmt?

    A. Die Pizzeria wird in Brand geraten.

    B. Die Mitarbeiter werden protestieren.

    C. Der Besitzer ruft sie an und schimpft.

    D. Die Kunden werden kein Essen bestellen.

English Translation

(Karl is at work chatting with Lina while folding pizza boxes.)

Lina: We have a lot of deliveries coming up tonight. It's going to be a busy night. I like it when it's busy. It means that time flies, and we get home before you know it.
Karl: I heard you have a son. How old is he?
Lina: He just turned 15 the other day.
Karl: So, he stays home with his dad while you're here in the evening?
Lina: Honey, he has a father but not a dad.
Karl: So, you raised him all by yourself?
Lina: I did. Of course, my son doesn't see it that way. I had to go to work almost every day to pay our bills, so we didn't get to spend too much time together. My mom, his grandmother, is the one who looked after him while I worked.
Karl: But now he is old enough to stay home alone, right?
Lina: Yes. It's good for my mom, who needed the break, but now he's lonely, you know?
Karl: That's rough.
Lina: We compete with two other pizza delivery places, and it takes everything I have just to keep this place in business. If I take even a day off, I get a call from the owner, and he never calls unless it's something bad.
Karl: Wow, that's a lot of stress. If it makes you feel any better, one day he will look back and realize how much his mom sacrificed for him.
Lina: Can that day be today, please?

KAPITEL 11:
MIT KUNDEN REDEN

(Karl ist mit einer Lieferung unterwegs. Er kommt in der Wohnung des Kunden an und klingelt mit der Bestellung in der Hand an der Tür. Ein Mann mittleren Alters öffnet die Tür).

Karl: Hallo. Ich habe eine Ananas-Pizza für Wohnung 312.
Kunde: Das bin ich. Hier ist das Geld für die Bestellung. Das Wechselgeld können Sie behalten.
Karl: Ich danke Ihnen.
Kunde: Sie sehen aus, als wären Sie Student an einer Hochschule. Habe ich recht?
Karl Ja.
Kunde: Die besten vier Jahre meines Lebens waren genau da. Leben Sie es aus, solange Sie können, denn diese goldenen Jahre werden vorbei sein, bevor Sie es merken.
Karl: Ich werde es auf jeden Fall versuchen.
Kunde: Was studieren Sie?
Karl: Um ehrlich zu sein bin ich mir nicht mehr sicher. Ich weiß nicht, was ich machen möchte.
Kunde: Machen Sie sich darüber keine Sorgen. Sie haben Ihr ganzes Leben Zeit, um das herauszufinden. Sie sind jung. Genießen Sie einfach das Unileben. Partys, Trinken, neue Freunde und die Frauen!
Karl: Das werde ich! Übrigens, wenn ich fragen darf: Was haben Sie studiert?

Kunde: Geschichte. Obwohl es mir am Ende nichts genützt hat. Nach dem Studium konnte ich keinen Job finden, deshalb bin ich jetzt eigentlich auch Auslieferungsfahrer.

Fragen zum Verständnis

1. Wie hat der Kunde für die Pizza bezahlt?
   A. Mit Kreditkarte
   B. Per Scheck
   C. In bar
   D. Per Postanweisung

2. Was war der Rat des Kunden für Karl?
   A. Nicht so sehr um den Studienschwerpunkt kümmern, sondern stattdessen Party machen.
   B. Schnell eine langfristige Beziehung beginnen, sich niederlassen und heiraten.
   C. Sich voll und ganz aufs Studieren konzentrieren.
   D. Sich darauf konzentrieren, so viel Geld wie möglich anzuhäufen, damit man die Zukunft vorbereiten kann.

3. Was war das Problem des Kunden mit dem Studium der Geschichte?
   A. Er fand es zu langweilig.
   B. Er stellte fest, dass die Arbeitsplätze im Zusammenhang mit Geschichte nicht so gut bezahlt waren.
   C. Nach seinem Abschluss konnte er keine Arbeit finden.
   D. Er brach das Studium ab.

English Translation

(Karl is out on a delivery. He arrives at the customer's apartment and rings the doorbell with the order in hand. A middle-aged man opens the door.)

Karl: Hi there. I have a pineapple pizza for apartment 312.

Customer: That's me. Here's the money for the order. You can keep the change.

Karl: Thank you.

Customer: You look like you're a student in college. Am I right?

Karl: Yes, sir.

Customer: Best four years of my life right there. Live it up while you can because those golden years will be gone before you know it.

Karl: I will certainly try.

Customer: What do you study?

Karl: To be honest, I'm not sure anymore. I don't know what I want to do.

Customer: Don't worry about that. You have your whole life to figure that out. You're young. Just enjoy the college life. Parties, drinking, new friends, and the women!

Karl: I will! Oh, by the way, if you don't mind me asking, what did you study?

Customer: History. Although it did me no good in the end. I couldn't find a job after graduation, so now I'm a delivery driver too, actually.

KAPITEL 12:
BÜCHER ANSCHAUEN

(Karl ist in der Bibliothek auf dem Campus und sucht nach einem inspirierenden Buch. Er findet ein Buch, das er gerne lesen möchte, und geht es ausleihen).

Karl: Hallo, ich würde gerne dieses Buch ausleihen.
Bibliothekarin: OK. Haben Sie Ihren Studentenausweis?
Karl: Ja. Bitte sehr.
Bibliothekarin: In Ordnung. Lassen Sie mich dieses Buch einfach unter Ihrem Namen speichern.

(Es vergehen einige Momente der Stille.)

Karl: Hey, haben Sie jemals etwas vom Autor dieses Buches gelesen?
Bibliothekarin: Nein habe ich nicht. Was ist das für ein Autor?
Karl: Ich habe gehört, dass er über das Leben von Menschen schreibt, die Geschichte gemacht haben. So viele Menschen haben mir seine Bücher wegen der praktischen Weisheit, die sie enthalten, empfohlen.
Bibliothekarin: Oh, das klingt gut. Ich bin eher ein belletristischer Leser. Ich denke, allen großen Geschichten liegt eine gewisse Weisheit zugrunde. Aber was mir an der Belletristik gefällt, ist, dass es dem Leser überlassen bleibt, diese Lebenserfahrung selbst zu finden und zu interpretieren.

Karl: Wegen der Schule habe ich das Lesen von Romanen für mich immer mit Langeweile verbunden.

Bibliothekarin: Deshalb lesen Sie also Sachbücher?

Karl: Ich lese eigentlich überhaupt nicht viel. Dies ist das erste Buch, das ich außerhalb der Schule mitgenommen habe.

Fragen zum Verständnis

1. Was brauchen Sie, um ein Buch aus der auszuleihen?
   - A. Einen Studentenausweis
   - B. Geld
   - C. Einen Führerschein
   - D. Einen Personalausweis

2. Über was schreibt der Autor, für den sich Karl innteressiert?
   - A. Über das Leben der Bibliothekare
   - B. Über das Leben von Menschen, die Geschichte gemacht haben
   - C. Über die Geschichte der praktischen Weisheit
   - D. Über die Geschichte der Menschen und der Welt

3. Warum bevorzugt die Bibliothekarin Belletristik?
   - A. Es macht mehr Spaß und ist spannender als Sachbücher.
   - B. Es obliegt dem Leser, die Weisheit und die Lebenslektionen in der Geschichte zu finden.
   - C. Es gibt Fantasy-, Science-Fiction- und Liebesromane.
   - D. Es ist insgesamt klüger, Belletristik anstatt Sachbücher zu lesen.

English Translation

(Karl is at the library on campus, looking for an inspiring book. He finds a book that he would like to read and goes to check it out.)

Karl: Hi, I'd like to check out this book.
Librarian: OK. Do you have your student ID card?
Karl: Yes. Here you go.
Librarian: All right. Let me just put this book under your name.

(A few moments of silence pass.)

Karl: Hey, have you ever read anything by the author of this book?
Librarian: Can't say that I have. What kind of author is he?
Karl: I've heard that he writes about the lives of people who have made history. So many people have recommended his books to me because of the practical wisdom they contain.
Librarian: Oh, that does sound good. I'm more of a fiction reader. I think all great stories have some underlying wisdom in them. But what I like about fiction is that it's up to the reader to find and interpret that life lesson for themselves.
Karl: Because of school, I've always associated reading novels with boredom.
Librarian: So, that's why you read non-fiction?
Karl: I don't really read much at all. This is the first book I've picked up outside school.

KAPITEL 13:
FAMILIENZEIT

(Karl liegt auf der Couch im Wohnzimmer und genießt sein neues Buch, als seine Mutter vom Lebensmitteleinkauf zurückkommt).

Mutter: Hey, Karl.

Karl: Willkommen zurück.

Mutter: Danke. Der neue Lebensmittelladen hier ist so günstig. Ich liebe ihn!

Karl: Ach ja? Was hast du gekauft?

Mutter: Ich habe unser ganzes Gemüse zum halben Preis bekommen. Es gibt frische Radieschen, Kürbisse und Kohl. Ich habe auch Obst ziemlich billig bekommen. Wir haben Äpfel, Erdbeeren und Blaubeeren.

Karl: Das klingt großartig. Was gibt es heute Abend zum Abendessen?

Mutter: Ich dachte eigentlich daran, mir heute Abend etwas zum Mitnehmen zu holen. Wie klingt Suppe und Sandwiches?

Karl: Sehr gut.

Mutter: Das mache ich doch gerne. Übrigens, für welchen Kurs ist das Buch gedacht?

Karl: Es ist nicht für den Unterricht. Ich habe es aus der Bibliothek.

Mutter: Oh. Bist du mit dem Lernen für diesen Tag fertig?

Karl: Mama, ich weiß nicht einmal, was ich studieren will.

Mutter: Ich dachte, du machst Geschichte.

Karl: Ja das hab ich auch gedacht, aber ich habe irgendwie das Interesse daran verloren.

Mutter: Nun, es ist gut, dass du dein Gehirn auf Trab hältst. Was hältst du davon etwas ähnliches wie Geschichte zu studieren?

Karl: Geschichte war das Fach, was mir am besten gefallen hat, aber ich mbin mir nicht mehr sicher, was meine wahre Leidenschaft ist.

(Karl vergräbt sein Gesicht in seinem Buch).

Karl: Mama, warum muss das Leben so hart sein?

Mutter: Es gibt ein wirklich gutes Zitat von Bruce Lee, das ich liebe: "Bete nicht für ein einfaches Leben. Bete für die Kraft, ein schwieriges zu ertragen."

Fragen zum Verständnis

1. Was hat Karls Mutter im Lebensmittelgeschäft gekauft hat?
    A. Nudeln, Essiggurken, Gurken, Aprikosen, Eisbecher und Bananen
    B. Reis, Pizza, Karotten, Eicheln, Salate und Bagels
    C. Würzsauce, Ananas, Kuchen, Spargel, Sandwiches und Speck
    D. Radieschen, Kürbisse, Kohl, Äpfel, Erdbeeren, Blaubeeren

2. Was werden Karl und seine Mutter heute zum Abendessen essen?
    A. Sie werden zu Hause Suppe und Sandwiches zubereiten.
    B. Sie kaufen Suppe und Sandwiches von einem Take-out Restaurant.
    C. Sie werden in einem örtlichen Restaurant Suppe und Sandwiches essen.
    D. Sie gehen zum Haus eines Freundes, um Suppe und Sandwiches zu essen.

3. Für welches Fach liest Karl das Buch?
    A. Geschichte
    B. Literatur
    C. Philosophie
    D. Das Buch bezieht sich auf kein Fach.

English Translation

(Karl is lying on the couch in the living room, enjoying his new book, when his mom comes back from grocery shopping.)

Mom: Hey, Karl.
Karl: Welcome back.
Mom: Thanks. The new grocery store here is so cheap. I love it!
Karl: Oh yeah? What did you buy?
Mom: I got all our vegetables at half price. There's fresh radishes, pumpkins, and cabbage. I also got fruits for pretty cheap. We have apples, strawberries, and blueberries.
Karl: That sounds great. What are we having for dinner tonight?
Mom: I was actually thinking about getting take-out tonight. How does soup and sandwiches sound?
Karl: I'd love some.
Mom: My pleasure. By the way, what class is that book for?
Karl: It's not for class. I got it at the library.
Mom: Oh. Have you finished studying for the day?
Karl: Mom, I don't even know what I want to study.
Mom: I thought you were doing history.
Karl: I thought so, too, but I somehow lost interest in it.
Mom: Well, it's good that you're keeping your brain sharp. What do you think about studying something similar to history?
Karl: History was the subject I liked best, but I'm not sure anymore what my real passion is.

(Karl buries his face into his book.)

Karl: Mom, why does life have to be so hard?
Mom: There's a really good quote by Bruce Lee that I love. "Pray not for an easy life. Pray for the strength to endure a difficult one."

KAPITEL 14:

DIE DEFINITION VON GENIE

(Karl und Fynn nehmen in einer örtlichen Bar Getränke zu sich).

Fynn: Was bedeutet es, dass es so etwas wie ein Genie nicht gibt?

Karl: Was wir als Genie bezeichnen, ist einfach jemand, der herausgefunden hat, was seine natürlichen Talente sind, und mehr als 10 Jahre damit verbracht hat, sie zu perfektionieren. Die Leute sehen nur das Endresultat und nichts von der harten Arbeit, also ist es einfach, es Genie zu nennen.

Fynn: Aber was ist mit Mozart? War er nicht ein Wunderkind?

Karl: Das ist ein großartiges Beispiel. Was die Leute nicht bedenken, ist, dass er schon sehr früh ein sehr großes Interesse an Musik gezeigt hat. Und sein Vater war ein professioneller Musiker, Komponist, Dirigent und Lehrer. Als Mozart drei Jahre alt wurde, erhielt er den ganzen Tag Klavierunterricht auf professionellem Niveau, jeden Tag von seinem Vater. Nachts mussten ihn seine Eltern vom Klavier wegholen, nur um ihn zum Schlafen zu bringen.

Fynn: Hmm, ich weiß nicht. Wieso glaubst du, dass es so etwas wie ein Genie nicht gibt? Woher hast du dieses Argument?

Karl: Aus einem Buch.

Fynn: Du glaubst etwas, nur weil du es in einem Buch gelesen hast?

Karl: Nun, ich habe dieses Argument auch schon anderswo gehört. Als Menschen wollen wir uns nicht mit unseren persönlichen Fehlern und Misserfolgen auseinandersetzen, deshalb ist es einfacher, erfolgreiche Menschen anzusehen und sie als glücklich, begabt oder genial zu bezeichnen.

Fynn: Das jetzt. Willst du damit sagen, dass Menschen kein Glück haben? Was ist mit unglaublich kompetitiven Bereichen wie Schauspielerei oder YouTube?

Karl: Glück ist zweifellos ein Faktor. Was ich damit sagen will, ist, wenn man mehr Glück haben will, muss man mehr Risiken eingehen.

(Während Karl spricht, schaut Fynn Karl über die Schulter und sieht zwei attraktive Mädchen an einem anderen Tisch sitzen).

Fynn: Wo wir gerade davon sprechen, mehr Risiken einzugehen, ich sehe gerade jetzt einige hier im Raum. Folge meinem Beispiel.

Fragen zum Verständnis

1. Wie definiert Karl, was ein "Genie" ist?
    A. Jemand, der unglaublich intelligent und geschickt ist
    B. Jemand, der etwas Revolutionäres erfindet
    C. Jemand, der seine natürlichen Talente herausgefunden hat und 10 Jahre damit verbracht hat, sie zu perfektionieren
    D. Jemand, der über 10 Jahre damit verbracht hat, seine Talente zu suchen

2. Was ist ein anderes Wort für "Genie"?
    A. Intellektueller
    B. Vollkommener
    C. Wunderkind
    D. Fachmann

3. Karl meint: "Wenn man mehr Glück will ...
    A. muss man würfeln."
    B. muss man mehr Glück haben."
    C. muss man mehr Risiken eingehen."
    D. muss man ein Hufeisen oder ein vierblättriges Kleeblatt finden."

English Translation

(Karl and Fynn are having drinks in a local bar.)

Fynn: What do you mean there's no such thing as a genius?
Karl: What we call genius is just someone who has figured out what their natural talents are and has spent over 10 years perfecting them. People see only the end result and none of the hard work, so it's just easy to call it genius.
Fynn: But what about Mozart? Wasn't he a child prodigy?
Karl: That's a great example. What people don't consider is that he had shown a very high level of interest in music from a very early age. And his father was a professional musician, composer, conductor, and teacher. By the time Mozart turned three, he was receiving professional-level piano lessons all day, every day from his dad. At night, his parents had to pry him away from the piano just to get him to sleep.
Fynn: Hmm, I don't know. How can you believe that there's no such thing as a genius? Where are you getting this argument from?
Karl: From a book.
Fynn: You would believe something you read in a single book?
Karl: Well, I've heard this argument elsewhere, too. As humans, we don't want to come to terms with our personal failures and mistakes, so it's easier to look at successful people and call them lucky, gifted, or genius.
Fynn: Whoa, now. Are you saying people don't get lucky? What about incredibly competitive fields like acting or YouTube?
Karl: Luck is definitely a factor, no doubt. What I'm saying is that if you want more luck, you gotta take more chances.

(While Karl is talking, Fynn looks over Karl's shoulder and spots two attractive girls sitting at another table.)

Fynn: Speaking of taking more chances, I see some across the room right now. Follow me.

KAPITEL 15:
AUSFÜLLEN EINES REZEPTES

(Karl ist in seiner örtlichen Apotheke, um einige neue Medikamente abzuholen).

Karl: Hallo, ich bin hier, um mein Rezept abzuholen.
Apothekerin: OK. Wie ist Ihr Name?
Karl: Karl Keller.
Apothekerin: Und Ihr Geburtsdatum?
Karl: 20. Februar 2000.
Apothekerin: OK. Sehr gut. Ich bin gleich wieder da.

(Der Apotheker holt Karls Rezept hervor).

Apothekerin: In Ordnung. Haben Sie Fragen zur Einnahme dieses Medikaments?
Karl: Ja. Ich nehme es morgens und abends, richtig?
Apothekerin: Das ist richtig.
Karl: Nehme ich es mit dem Essen ein oder kann ich es auf nüchternen Magen einnehmen?
Apothekerin: Beides ist in Ordnung.
Karl: Ich verstehe. Wie wäre es, wenn ich das Medikament zu verschiedenen Zeiten am Tag einnehme? Mein Zeitplan ändert sich ständig aufgrund von Arbeit und Schule.

Apothekerin: Solange jede Dosis irgendwann am Morgen und irgendwann am Abend eingenommen wird, wird es Ihnen gut gehen.

Karl: OK, vielen Dank. Warten Sie! Ich habe vergessen, eine letzte Sache zu fragen. Ich muss die Pille schlucken, oder? Oder ist sie kaubar?

Apothekerin: Sie müssen sie schlucken. Man darf sie nicht kauen. Kann ich Ihnen sonst noch bei irgendetwas behilflich sein?

Karl: Ja. Wo ist der Wasserbrunnen? Ich muss sie so schnell wie möglich einnehmen.

Fragen zum Verständnis

1. Wohin gehen Sie, um Rezepte abzuholen?
    A. In die Apotheke
    B. In das Büro des Arztes
    C. In die Schule
    D. Zum Arbeitsplatz

2. Soll Karl seine Medikamente mit oder ohne Nahrung einnehmen?
    A. Mit Nahrung.
    B. Ohne Nahrung.
    C. Das spielt keine Rolle.
    D. Es hängt von der Situation ab.

3. Welcher der folgenden Punkte ist KEINE orale Verabreichung von Medizin?
    A. Spritzen
    B. Schlucken
    C. Kauen
    D. Trinken

English Translation

(Karl is at his local pharmacy to pick up some new medicine.)

Karl: Hi, I'm here to pick up my prescription.
Pharmacist: OK. What's your name?
Karl: Karl Keller.
Pharmacist: And your date of birth?
Karl: February 20, 2000.
Pharmacist: OK. Great. I'll be right back.

(The pharmacist goes to retrieve Karl's prescription.)

Pharmacist: Alright. Do you have any questions about taking this medication?
Karl: Yes. I take it in the morning and evening, right?
Pharmacist: That's right.
Karl: Do I take it with food or can I take it on an empty stomach?
Pharmacist: Either is fine.
Karl: I see. How about if I take the medication at different times during the day? My schedule changes all the time due to work and school.
Pharmacist: As long as each dose is taken sometime during the morning and sometime during the evening, you'll be fine.
Karl: OK, thank you. Wait! I forgot to ask one last thing. I have to swallow the pill, right? Or is it chewable?
Pharmacist: You have to swallow it. You can't chew it. Other than that, can I assist you with anything?
Karl: Yes. Where's the water fountain? I need to take it as soon as possible.

KAPITEL 16:
INTERVIEW MIT EINEM
ZEUGEN

(Karl ist zu Hause und schaut die Lokalnachrichten im Fernsehen).

Nachrichtensprecher: Die Behörden sagen, dass der Aufenthaltsort des Verdächtigen noch immer unbekannt ist. Was wir wissen, ist, dass der Verdächtige männlich, 18-35 Jahre alt und ungefähr 1,80 m groß ist. Wir gehen nun zu einem Interview mit einer Schaulustigen, die als Zeugin am Tatort war.

(Die Kamera hält auf einen Nachrichtenkorrespondenten und eine Frau mittleren Alters).

Reporter: Können Sie kurz zusammenfassen, was Sie gesehen haben?

Zeugin: Auf dem Heimweg von der Arbeit bemerkte ich, dass an der Kreuzung vor mir jemand wild tanzte. Als ich näher an die Kreuzung kam, sah ich, dass jemand eine große Pferdemaske trug und sich bis auf die Unterwäsche ausgezogen hatte. Ich dachte, ich hätte verrückte Pillen oder so etwas genommen, aber nein, das ist heute tatsächlich passiert.

Reporter: Wie lange hat diese Person weitergemacht?

Zeugin: Von dem Zeitpunkt an, als ich sie bemerkte, würde ich sagen, etwa eine ganze Minute.

Reporter: Was geschah danach?

Zeugin: Sie verbeugte sich kurz und rannte dann die Straße hinunter. Nicht mehr als 30 Sekunden später tauchten ein paar Polizeiautos mit lauten Sirenen auf.

(Die Kamera geht zurück auf den Nachrichtensprecher im Studio).

Nachrichtensprecher: Dies ist der dritte Auftritt des maskierten Tänzers in den letzten Monaten. Wie bei jedem Auftritt wurden mehrere Einbruchsversuche in der Nähe der Show des maskierten Mannes gemeldet. Die Behörden vermuten einen Zusammenhang zwischen den Ereignissen.

Fragen zum Verständnis

1. Welches der folgenden Wörter ist KEIN Synonym für das Wort
   "Reporter"?
   - A. Nachrichtensprecher
   - B. Korrespondent
   - C. Journalist
   - D. Zeuge

2. Welche Kleidung trug der maskierte Tänzer?
   - A. Nur Unterwäsche
   - B. Smoking
   - C. Geschäftlich zwanglos
   - D. Halb förmlich

3. Welcher der folgenden Begriffe ist ein Synonym für
   "Einbrechen"?
   - A. Kapitalverbrechen
   - B. Einbruchdiebstahl
   - C. Brandstiftung
   - D. Fälschung

English Translation

(Karl is at home watching the local news on TV.)

Newscaster: Authorities say that the suspect 's whereabouts are still unknown. What we do know is that the suspect is male, aged 18-35, and approximately 180 centimeters tall. We go now to an interview with a bystander who was a witness at the scene.

(The camera cuts to a news correspondent and a middle-aged woman.)

Reporter: Can you briefly summarize what you saw?
Witness: I was walking home from work when I noticed someone was dancing wildly at the intersection just up ahead. As I got closer to the intersection, I saw that they were wearing a large horse mask and had stripped down to their underwear. I thought I had taken crazy pills or something, but no, that actually happened today.
Reporter: How long did this person continue?
Witness: From the time I noticed him, I would say about a full minute.
Reporter: What happened after that?
Witness: He took a quick bow and then ran down the street. No more than 30 seconds later, a few cop cars showed up with their sirens blazing loud.

(The camera cuts back to the news anchor in the studio.)

Newscaster: This marks the masked dancer's third appearance in the last few months. As with every appearance, several breaking-and-entering crimes have been reported near the masked man's show. Authorities suspect a connection between the events.

KAPITEL 17:
KRÄFTE BÜNDELN

(Karl nimmt an einer Vorlesung über Weltgeschichte auf dem Campus teil).

Professor: Vergessen Sie nicht, dass in zwei Wochen die Abschlussprüfung anstehen. Wenn Sie noch nicht mit der Vorbereitung auf den Test begonnen haben, wäre jetzt der beste Zeitpunkt dafür. Das wäre alles für heute. Genießen Sie den Rest des Nachmittags.

(Die Studenten beginnen, ihre Sachen zu packen und sich auf den Weg zum Ausgang zu machen. Ein weiterer Student nähert sich Karl.)

Kursteilnehmer #1: Hallo. Wärst du an einer Studiengruppe zur Vorbereitung auf die Prüfung interessiert?
Karl: Sicher. Wie viele sind es bisher?
Kursteilnehmer #1: Nun, jetzt, wo du dabei bist, macht das zwei Leute.
Karl: Oh, ich verstehe. Äh …
Kursteilnehmer #1: Keine Sorge. Wir müssen nur noch ein paar Leute fragen, bevor sie gehen.

(Karl nickt. Die beiden Studenten trennen sich, um weitere Mitglieder für ihre neu gebildete Gruppe zu finden).

Karl: Hallo. Suchst du eine Studiengruppe für das Halbjahr?

Kursteilnehmer #2: Das klingt eigentlich nach einer guten Idee. Ich werde mitmachen.

Karl: OK, großartig. Jetzt brauchen wir nur noch eine Zeit und einen Ort.

(Karl und vier andere Studenten stehen in einem Kreis, um Zeit und Ort des Treffens zu vereinbaren).

Kursteilnehmer #1: Ich dachte, wir könnten uns diesen Freitag um 18 Uhr in der Bibliothek treffen. Hört sich das für alle gut an?

(Die Studierenden nicken zustimmend, tauschen Kontaktinformationen aus und trennen sich kurz darauf).

Fragen zum Verständnis

1. Wann findet in der Regel während eines Semesters eine Abschlussprüfung statt?
    A. In der Mitte des Semesters
    B. Am Ende des Semesters
    C. Zu Beginn des Semesters
    D. Zu jedem beliebigen Zeitpunkt

2. Wie haben die Studierenden die Studiengruppe gebildet?
    A. Sie fragten und luden Klassenkameraden am Ende des Unterrichts ein.
    B. Sie gaben eine Anzeige am Schwarzen Brett auf.
    C. Sie stellten Gruppen über ein Online-Forum zusammen.
    D. Sie fragten und luden andere Studierende zu Partys ein.

3. Wie werden die Studierenden in Kontakt bleiben?
    A. Sie standen in einem Kreis und hielten sich an den Händen.
    B. Sie tauschten Kontaktinformationen aus.
    C. Sie wohnen alle im selben Wohnhaus.
    D. Sie nickten zustimmend.

English Translation

(Karl is attending a world history lecture on campus.)

Professor: Don't forget that the final exam is coming up in two weeks. If you haven't started preparing for the test, the best time would be now. That will be all for today. Enjoy the rest of the afternoon.

(The students start packing up their belongings and heading for the exit. Another student approaches Karl.)

Student #1: Hi there. Would you be interested in doing a study group to help prepare for the exam?
Karl: Sure. How many do you have so far?
Student #1: Well, now that you're in, that makes two people.
Karl: Oh, I see. Uh...
Student #1: Don't worry. All we have to do is grab a few more people before they leave.

(Karl nods. The two students split up to find more members to add to their newly formed group.)

Karl: Hello. Are you looking for a study group for the final exam?
Student #2: That actually sounds like a good idea. I'll join.
Karl: OK, great. Now we just need a time and place.

(Karl and four other students stand in a circle to arrange the meeting time and place.)

Student #1: I was thinking we could meet this Friday at 6 p.m. at the library. Does that sound good with everybody?

(The students nod in agreement, exchange contact information, and split up shortly after.)

KAPITEL 18:

MITTAGESSEN BESTELLEN

(Karl ist dabei, in der Mensa auf dem Campus einen Salat zum Mittagessen zu bestellen).

Angestellter: Hallo. Willkommen bei Salat Express. Was darf ich Ihnen bringen?

Karl: Hallo. Ich möchte einen Gartensalat bestellen.

Angestellter: OK. Möchten Sie Spinat oder Römersalat?

Karl: Ich nehme den Römersalat.

Angestellter: Und welches Gemüse möchten Sie darauf haben?

Karl: Sellerie, Zwiebeln, Paprika und Gurken, bitte.

Angestellter: OK. Und möchten Sie noch andere Zutaten?

Karl: Ja. Ich nehme Cashewnüsse, Himbeeren, Croutons und Tortillastreifen.

Angestellter: Erledigt. Und welches Dressing kann ich Ihnen bringen?

Karl: Ich nehme das kalorienarme italienische Dressing, bitte.

Angestellter: In Ordnung. Wünschen Sie Snacks oder Getränke zu Ihrer Bestellung?

Karl: Ich nehme eine Tüte Chips und eine Diätlimo. Das war's dann für mich.

Angestellter: OK. Ist das für hier oder zum Mitnehmen?

Karl: Für hier.

(Karl bemerkt in der Ferne eine große Versammlung von mehr als 100 Studenten, die zusammen weggehen).

Karl: Hey, haben Sie eine Ahnung, was mit der Menge da drüben los ist?

Angestellter: Oh, ich bin mir nicht sicher. Meine Vermutung ist, dass es etwas mit der Kundgebung auf dem Campus heute zu tun hat.

Fragen zum Verständnis

1. Welche der folgenden Produkte gelten NICHT als Gemüse?

    A. Sellerie, Zwiebel, Paprika und Gurken

    B. Spinat, Römersalat, Eisbergsalat und Grünkohl

    C. Kartoffeln, Süßkartoffeln, Mais und Kürbis

    D. Oliven, Tomaten, Avocados und Kürbis

2. Welche der folgenden Lebensmittel gelten typischerweise als Nüsse?

    A. Cashewnüsse, Kokosnüsse und Rosinen

    B. Cashewnüsse, Macadamianüsse und Croutons

    C. Cashewnüsse, Oliven und Walnüsse

    D. Cashewkerne, Mandeln und Erdnüsse

3. Welcher der folgenden Punkte beschreibt am besten, was eine Diätlimo ist?

    A. Eine kleine Limo

    B. Ein Getränk, das Gewichtsverlust begünstigt

    C. Ein Getränk, bei dem wissenschaftlich erwiesen ist, dass es besser schmeckt als normale Limo

    D. Ein kohlensäurehaltiges Getränk mit wenig bis keinem Zucker, aromatisiert mit Süßungsmitteln

English Translation

(Karl is about to order a salad for lunch at the dining hall on campus.)

Employee: Hi. Welcome to Salad Express. What can I get you?
Karl: Hello. I'd like to order a garden salad.
Employee: OK. Would you like spinach or romaine lettuce?
Karl: I'll take romaine lettuce.
Employee: And which vegetables would you like on it?
Karl: Celery, onion, peppers, and cucumbers, please.
Employee: OK. And would you like any other toppings?
Karl: Yeah. Let's go with cashews, raspberries, croutons, and tortilla strips.
Employee: Done and done. And which dressing can I get you?
Karl: I'll have the low-calorie Italian, please.
Employee: Alright. Would you like any snacks or drinks with your order?
Karl: I'll take a bag of chips and a diet soda. That will be it for me.
Employee: OK. Will this be for here or to go?
Karl: For here.

(Karl notices a large gathering of more than 100 students walking off together in the distance.)

Karl: Hey, any idea what's going on with that crowd over there?
Employee: Oh, I'm not sure. My guess is that it has something to do with the rally on campus today.

KAPITEL 19:
STUDIENSAAL

(Karl und vier weitere Studenten aus seiner Geschichtsklasse haben sich versammelt, um Notizen auszutauschen und sich auf die Abschlussprüfung vorzubereiten).

Kursteilnehmer #1: Also, wir wissen, dass der Test aus 20 Multiple-Choice-Fragen besteht, gefolgt von einer Aufsatzfrage.

Kursteilnehmer #2: Richtig. Und die Aufsatzfrage macht 50 Prozent der Prüfungsnote aus. Haben wir eine Ahnung, was das Thema der Aufsatzfrage sein wird?

Kursteilnehmer #1: Nein, aber wir können vielleicht raten. Irgendwelche Ideen?

Karl: Ich frage mich, ob es um das Römische Reich und Julius Cäsar gehen wird. Dem Professor gefällt das Thema sehr gut.

Kursteilnehmer #2: Vielleicht. Ich habe gedacht, dass es über Alexander dem Großen sein wird. Der Professor hat viel in seinen Vorlesungen viel über die Details von Alexander dem Großen geredet.

Kursteilnehmer #3: Was wäre, wenn wir alle sehr intensiv Alexander den Großen lernen würden und dann aber doch Dschingis Khan als Thema des Aufsatzes drankommt?

Karl: Was ist, wenn die Frage auf alle drei zutrifft?

(Die fünf Studenten brummen gleichzeitig in Übereinstimmung).

Kursteilnehmer #1: Das muss es sein. In den Vorlesungen wird viel über Imperien als Spiegelbild von Führern gesprochen.

Kursteilnehmer #4: Entschuldige die Unterbrechung. Meinst du damit, dass die Aufsatzfrage über Imperien oder die Führer gestellt wird?

Karl: Das ist eine gute Frage. Schwer zu sagen.

Fragen zum Verständnis

1. Welche Art von Test wird die Abschlussprüfung sein?
   A. Er wird 20 Fragen enthalten, von denen einige Multiple-Choice und einige Essays sind.
   B. Er wird 20 Multiple-Choice-Fragen und einen Aufsatzfrage enthalten.
   C. Er wird 20 Aufsätze enthalten, die Sie auf verschiedene Weise beantworten können.
   D. Er wird 20 Fragen enthalten.

2. Welche drei Führer wurden im Gespräch in diesem Kapitel erwähnt?
   A. Das Römische Reich, das Makedonische Reich und das Mongolische Reich
   B. Karl, Fynn und Lina
   C. Alexander der Große, Napoleon Bonaparte und der Professor
   D. Julius Cäsar, Alexander der Große und Dschingis Khan

3. Warum ist die Aufsatzfrage so wichtig?
   A. Weil es keine Abschlussprüfung geben wird.
   B. Weil es für die Hälfte der Note des Schülers zählt.
   C. Weil der Professor keine Multiple-Choice-Fragen mag.
   D. Weil es die einzige Frage in der Prüfung ist.

English Translation

(Karl and four other students from his history class have gathered to share notes and prepare for the final exam.)

Student #1: So, we know that the test will be 20 multiple-choice questions followed by an essay question.

Student #2: Right. And the essay question is 50 percent of the exam's grade. Now, do we have any idea what the essay's question topic will be?

Student #1: No, but we might be able to guess. Any ideas?

Karl: I wonder if it will be on the Roman Empire and Julius Caesar. The professor really likes that topic.

Student #2: Maybe. I was thinking it's going be on Alexander the Great. The professor spent a lot of lectures on the details of Alexander the Great.

Student #3: What if we all studied real hard on Alexander the Great, and then Genghis Khan turned out to be the essay topic?

Karl: What if the question is on all three?

(The five students hum simultaneously in agreement.)

Student #1: That's gotta be it. The lectures focus a lot on empires as a reflection of leaders.

Student #4: I'm sorry to interrupt. Do you mean that the essay question will be on empires or the leaders?

Karl: That's a good question. Hard to say.

KAPITEL 20:

AUS EINEM FREMDEN LAND

(Die fünf Studenten befinden sich derzeit in einer Pause vom Lernen. Karl nutzt diese Gelegenheit, um mehr über den ausländischen Studenten in der Gruppe zu erfahren).

Karl: Also, wie ist dein Name?

Lin: Mein Name ist Lin. Freut mich, dich kennenzulernen.

Karl: Schön, dich kennenzulernen. Wo kommst du ursprünglich her?

Lin: Ich komme aus China, aber ich bin nach Deutschland gekommen, um mehr über seine Geschichte zu erfahren.

Karl: Ach ja? Wie geht es damit voran?

Lin: Ähm, es ist schwer. Ich muss mehr lernen.

Karl: Das gilt auch für mich, aber je mehr ich studiere, desto verlorener fühle ich mich. Es ist für uns alle schwer.

Lin: Hmm, vielleicht könnten einige Reisen helfen. Bist du jemals außerhalb deines Landes gereist?

Karl: Nein.

Lin: Ich empfehle es auf jeden Fall. Man lernt so viel über die Welt und auch über sich selbst. Es könnte dir helfen, herauszufinden, was du wirklich willst.

Karl: Hört sich gut an.

Lin: Du kannst jederzeit nach China kommen!

Karl: Chinesisch zu lernen klingt ein bisschen zu hart. Ich habe eigentlich an Europa gedacht.

Fragen zum Verständnis

1. Warum ist Lin nach Deutschland gekommen?
   A. Um die Geschichte des Landes zu studieren
   B. Um die internationalen Beziehungen zwischen Deutschland und China zu untersuchen
   C. Um internationale Wirtschaft und Kommunikation zu studieren
   D. Um der chinesischen Regierung zu entkommen

2. Wohin ist Karl schon einmal gereist?
   A. In den Nahe Osten.
   B. Nach Australien.
   C. In die Antarktis.
   D. In keines der oben genannten Gebiete.

3. Reisen in der ganzen Welt können verschiedene Vorteile bringen. Es hilft, ...
   A. sich selbst etwas beizubringen.
   B. etwas über die Welt zu lernen.
   C. herauszufinden, was die Aufsatzfrage zur Abschlussprüfung ist.
   D. herauszufinden, was du wirklich willst.

English Translation

(The five students are currently on a break from reviewing. Karl takes this opportunity to learn more about the foreign student in the group.)

Karl: So, what's your name?

Lin: My name is Lin. Nice to meet you.

Karl: Nice to meet you. Where are you from originally?

Lin: I'm from China, but I came to Germany to learn more about its history.

Karl: Oh yeah? How's that coming along?

Lin: Um, it's hard. I need to study more.

Karl: Same here, but the more I study, the more lost I feel. It's hard for all of us.

Lin: Hmm, maybe some traveling could help. Have you ever traveled outside of your country?

Karl: No.

Lin: I definitely recommend it. You learn so much about the world and yourself, too. It might help you find out what you really want.

Karl: I like the sound of that.

Lin: You could always come to China!

Karl: Learning Chinese sounds a little too hard. I was thinking about Europe, actually.

KAPITEL 21:

HOME, SWEET HOME

(Karl hat gerade seine Schicht bei der Arbeit beendet und macht sich bereit, nach Hause zu gehen, als er Lina eine Frage stellt).

Karl: Hey, Lina. Sind Sie schon einmal ins Ausland gereist?
Lina: Ja, aber das ist schon lange her.
Karl: Ach ja? Wohin ging's?
Lina: Nach Schweden. Ich habe dort einige Monate meine Familie besucht.
Karl: Wirklich? Wie war es denn?
Lina: Sehr kalt. Mein Gott, war das kalt! Ich musste einen schweren Mantel tragen, während alle anderen nur langärmelige Hemden trugen. Es war verrückt!
Karl: Hatten Sie wenigstens Spaß, während Sie gefroren haben?
Lina: Ich habe es dort geliebt. Ich war die ganze Zeit in den Bergen wandern. Es war der schönste Ort, den ich je gesehen habe.
Karl: Wow. Warum dann nicht länger dort leben?
Lina: Ich bin hier in Deutschland aufgewachsen. Ich habe gelernt, dass dies meine Heimat ist. Hier gehöre ich hin.
Karl: Ich bin mir nicht sicher, ob ich das Gleiche empfinde. Es ist langweilig hier. Ich habe darüber nachgedacht, selbst ein wenig zu reisen.
Lina: Oh? Wohin denn?
Karl: Keine Ahnung. Vielleicht in Europa.

Lina: Das sollten Sie auf jeden Fall tun. Es wird eine ganz neue Perspektive auf die Welt eröffnen.

Karl: Ja. Ich frage mich, ob ich ein Auslandsstudium machen sollte?

Lina: Das würde ich machen. Tun Sie es, bevor es zu spät ist. Wenn Sie heiraten und Kinder haben, ist das Spiel vorbei! Vergessen Sie, zu diesem Zeitpunkt dann noch ein Leben für sich zu haben.

Fragen zum Verständnis

1. Was denkt Lina über ihre Zeit in Schweden?
    A. Obwohl es extrem kalt war, liebte sie letztendlich die Reise.
    B. Sie hasste alles daran.
    C. Die ganze Erfahrung war ihr gleichgültig.
    D. Während sie gelegentlich Heimweh bekam, hatte sie insgesamt eine wunderbare Zeit.

2. Warum ist Lina zurück nach Deutschland gezogen?
    A. Schweden war zu kalt.
    B. Es ist dort, wo sie sich zugehörig fühlt.
    C. Die Steuern sind in Schweden zu hoch.
    D. Deutschland ist ein besseres Land, um eine Familie zu gründen.

3. In einem fremden Land zu leben und als Student eine ausländische Universität zu besuchen, nennt man ...
    A. Ein Leben haben.
    B. Deutsche im Ausland.
    C. Im Ausland studieren.
    D. Eine ganz neue Perspektive.

English Translation

(Karl has just finished his shift at work and is getting ready to go home when he asks Lina a question.)

Karl: Hey, Lina. Have you ever traveled abroad?

Lina: Yeah, but it was a long time ago.

Karl: Oh yeah? Where to?

Lina: Sweden. I visited family there for a few months.

Karl: Really? How was it?

Lina: Very cold. Good god, it was cold! I had to wear a heavy coat while everyone else was wearing just long-sleeved shirts. It was crazy!

Karl: Did you have fun while you were freezing at least?

Lina: I loved it there. I went hiking all the time in the mountains. It was the most beautiful place I've ever seen.

Karl: Wow. Why not live there longer, then?

Lina: I grew up here in Germany. I've learned that this is my home. It's where I belong.

Karl: I'm not sure I feel the same. It's boring here. I've been thinking about doing some traveling myself, actually.

Lina: Oh? Where to?

Karl: No idea. Maybe Europe.

Lina: You definitely should. It will give a whole new perspective on the world.

Karl: Yeah. I wonder if I should do a study abroad program?

Lina: I would. Do it before it's too late. Once you get married and have kids, it's game over! Forget about having a life at that point.

KAPITEL 22:
EISCREMEPAUSE

(Während sie sich eine Pause von den Videospielen gönnen, beschließen Karl und Fynn, Eis essen zu gehen und einen Spaziergang durch den Park zu machen).

Karl: Wow, das Wetter ist heute perfekt.

Fynn: Ja, perfekt, um drinnen zu bleiben und zu spielen.

Karl: Ich habe das Gefühl, dass du das sagen würdest, egal wie das Wetter ist.

Fynn: Aber natürlich! Auch dieses Eis ist lecker. Dieser Erdbeergeschmack ist so gut!

Karl: Erdbeere ist nicht schlecht. Aber am Ende entscheide ich mich immer für Vanille oder Schokolade. Mit beiden kann man nichts falsch machen.

Fynn: Welches hast du jetzt genommen?

Karl: Diesmal habe ich mich für Vanille entschieden.

Fynn: Ah. Ich frage mich, ob sie dieses Eis in allen drei Geschmacksrichtungen verkaufen.

Karl: Du meinst Schokolade, Erdbeere und Vanille?

Fynn: Ja! Ich habe den Namen vergessen. Äh, war es der Napoleon-Geschmack?

Karl: Neapolitanisch.

Fynn: Oh ja. Einen Moment lang dachte ich, es sei Napoleon.

Karl: Nun, das wäre einfach nur dumm.

Fynn: Wenn man zu einem bestimmten Zeitpunkt die Hälfte der Welt erobert, neigt man dazu, viele Dinge nach sich selbst zu benennen, wie zum Beispiel den Napoleon-Komplex.

Karl: Das ist wahr. Aber warte. Das gibt mir zu denken. Warum fällt mir nichts ein, das nach Dschingis Khan benannt ist?

Fragen zum Verständnis

1. Was taten Karl und Fynn in der Pause vom Zocken?
   A. Sie kauften Schlagsahne und gingen joggen.
   B. Sie kauften Rasierschaum und machten einen Spaziergang durch den Freizeitpark.
   C. Sie kauften Eiscreme und machten einen Spaziergang durch den Park.
   D. Sie nahmen sich etwas Zeit, um ein wenig Geschichte zu lernen.

2. Welche drei Geschmacksrichtungen enthält neapolitanisches Eis?
   A. Kakao, Heidelbeere und Vanille
   B. Schokolade, Erdbeere und Vanille
   C. Schokolade, Erdbeere und Vielfalt
   D. Kakao, Erdbeere und Vielfalt

3. Laut Fynn: Wenn Menschen zu einem beliebigen Zeitpunkt die Hälfte der Welt erobern, ...
   A. neigen sie dazu, viele Dinge nach sich zu benennen.
   B. neigen sie dazu, viele Dinge zu benennen, die vor ihnen liegen.
   C. neigen sie dazu, viele Dinge beim Namen zu nennen.
   D. benennen sie viele Dinge nach dir.

English Translation

(While taking a break from video games, Karl and Fynn decide to go out for ice cream and take a walk through the park.)

Karl: Wow, the weather is perfect today.

Fynn: Yup, perfect for staying inside and gaming.

Karl: I have a feeling you would say that no matter what the weather is.

Fynn: But of course! Also, this ice cream is amazing. This strawberry flavor is so good!

Karl: Strawberry's not bad. But I always end up choosing vanilla or chocolate. You can't go wrong with either.

Fynn: Which did you get just now?

Karl: I went with vanilla this time.

Fynn: Ah. I wonder if they sell that ice cream in all three flavors.

Karl: You mean chocolate, strawberry, and vanilla?

Fynn: Yeah! I forgot the name of it. Uh, was it Napoleon flavor?

Karl: Neapolitan.

Fynn: Oh yeah. I thought it was Napoleon for a second.

Karl: Now that would just be silly.

Fynn: When you conquer half of the world at any given point in time, you tend to have a lot of things named after you, like the Napoleon complex.

Karl: That is true. But wait. That makes me wonder. Why can't I think of anything named after Genghis Khan?

KAPITEL 23:
DER REALITÄT ENTKOMMEN

(Karl und Fynn unterhalten sich auf der Couch, nachdem sie eine Runde gezockt haben).

Fynn: Wenn du ins Ausland gehen willst, musst du nach Japan gehen. Das ist ein Muss.
Karl: Ich weiß es nicht. Japanisch klingt ziemlich hart.
Fynn: Hey, besorg dir einfach eine japanische Freundin und du lernst superschnell. Du wirst völlig eintauchen.
Karl: Wenn das wahr wäre, würden dann nicht alle Touristen zurückkommen und fließend Japanisch sprechen?
Fynn: Ein oder zwei Wochen sind nicht lang genug. Man muss mindestens sechs Monate dort sein. Denk darüber nach. Du könntest die neuesten Spiele und Animes an dem Tag spielen und anschauen können, an dem sie in Japan herauskommen.
Karl: Vielleicht. Es ist eine Möglichkeit. Aber wenn das alles so gut klingt, warum studierst du dann nicht dort?
Fynn: Das Einzige, was ich studieren möchte, ist, wie wir diesen Gegner schlagen können, dem wir immer wieder nachjagen.
Karl: Machst du dir keine Sorgen um deine Zukunft?
Fynn: Das ist das Problem meines zukünftigen Ichs.
Karl: Ich schwöre, du denkst dir jeden Tag neue Wege aus, um zu prokrastinieren. Das ist eigentlich beeindruckend.
Fynn: Ich bin einfach so gut.
Karl: Was soll ich nur mit dir machen?

Fynn: Natürlich mir helfen, diesen Gegner zu schlagen.

(Karl stößt einen langen Seufzer aus und schüttelt langsam den Kopf. Nach einigen Sekunden der Stille nimmt er seinen Controller in die Hand, bereit, wieder zu spielen).

Fragen zum Verständnis

1. Das Eintauchen in die Sprache beinhaltet welche der folgenden Punkte?
    A. Erlernen einer Sprache
    B. Erlernen einer Sprache durch ununterbrochenen Kontakt mit der Sprache
    C. Erlernen einer Sprache durch immersive virtuelle Realität
    D. Eine Sprache durch Tourismus lernen

2. Warum glaubt Fynn, dass Karl nach Japan reisen sollte?
    A. Es ist viel besser als China.
    B. Er kann alle neuesten Anime- und Videospiele an dem Tag spielen und anschauen, an dem sie in Japan veröffentlicht werden.
    C. Japanisch ist die am einfachsten zu erlernende Sprache.
    D. Japanische Freundinnen sind die besten Freundinnen, die man haben kann.

3. Wie beeindruckt Fynn Karl in diesem Kapitel?
    A. Er ist sehr hartnäckig dabei, Karl zu überreden, nach Japan zu gehen.
    B. Er denkt über neue Wege nach, um zu prokrastinieren.
    C. Er überlegt sich einen Weg, wie sie den Gegner im Spiel schlagen können.
    D. Er ist die seltsamste Person, der Karl je begegnet ist.

English Translation

(Karl and Fynn are chatting on the couch after finishing a gaming session.)

Fynn: If you're going to go abroad, you have to go to Japan. It's a must.

Karl: I don't know. Japanese sounds pretty hard.

Fynn: Bro, just get a Japanese girlfriend and you'll learn super-fast. You'll be completely immersed.

Karl: If that were true, wouldn't all tourists come back fluent in Japanese?

Fynn: A week or two isn't long enough. You'll be there for at least six months. Think about it. You get to enjoy all the latest games and anime the day they come out in Japan.

Karl: Maybe. It's a possibility. But if all this sounds so good, why don't you go and study there?

Fynn: The only thing I want to study is how to beat this boss we keep dying to.

Karl: Don't you worry about your future?

Fynn: That's future me's problem.

Karl: You think of new ways to procrastinate every day, I swear. It's impressive, actually.

Fynn: I'm just that good.

Karl: What am I going to do with you?

Fynn: Help me beat this boss, of course.

(Karl lets out a long sigh and shakes his head slowly. After a few seconds of silence, he picks up his controller, ready to play again.)

KAPITEL 24:

AUTOREPARATUREN

(Karls Auto verhält sich in letzter Zeit merkwürdig. Er hat es zu einem ortsansässigen Mechaniker gebracht, um bei der Diagnose und Lösung des Problems zu helfen).

Mechaniker: Hallo. Was kann ich heute für Sie tun?

Karl: Hallo. Mein Auto macht in letzter Zeit Probleme. Wenn ich an einer Ampel anhalte, fängt das ganze Auto an zu vibrieren. Sobald ich mich aber in Bewegung setze, hört das Vibrieren auf. Ansonsten ist das Auto gut gelaufen.

Mechaniker: OK, ich verstehe. Lassen Sie mich einen kurzen Blick darauf werfen und einen kurzen Testlauf machen. In der Zwischenzeit nehmen Sie bitte dort drüben im Aufenthaltsraum Platz. Ich komme und hole Sie, wenn ich fertig bin.

Karl: In Ordnung. Danke.

(Während Karl im Aufenthaltsraum fernsieht und sich im Wohnzimmer eine Tasse Kaffee kocht, öffnet der Mechaniker die Motorhaube des Wagens und nimmt das Problem genauer unter die Lupe. Nach etwa 30 Minuten ruft der Mechaniker Karl an die Rezeption).

Mechaniker: Also, ich habe die Grundlagen überprüft. Ich habe festgestellt, dass Ihr Öl gut ist. Ihr Getriebe ist gut. Die Reifen sind in Ordnung. Die Batterie hat keine Probleme. Es gibt nirgendwo ein Leck. Also ist es höchstwahrscheinlich ein Zündkerzenproblem.

Karl: Oh, das sind gute Neuigkeiten! Ich dachte, es liegt an der Übertragung.

Mechaniker: Nein. Überhaupt nicht. Mit unserem speziellen Tune-up-Service können wir heute alle Zündkerzen und Zylinder für Sie austauschen. Wäre das für Sie in Ordnung?

Karl: Müssen Sie auch die Zylinder ersetzen? Wie viel wird das kosten?

Mechaniker: Nun, der Tune-up-Service für dieses ältere Modell würde Ihr Auto viel länger am Laufen halten. Wenn wir das komplette Tune-up machen, kommen wir auf eine Gesamtsumme von 400 Euro.

Karl: Oh, mein Gott! Ich bin mir nicht sicher, ob ich mir das leisten kann. Kann ich ganz schnell einen Anruf machen?

Fragen zum Verständnis

1. Wann beginnt Karls Auto zu vibrieren?
    A. Wenn er an einer Ampel anhält
    B. Wenn er anfängt zu fahren
    C. Wenn er über eine Kreuzung fährt
    D. Wenn er sich eine Tasse Kaffee macht

2. Was scheint das Hauptproblem mit Karls Auto zu sein?
    A. Die Zündkerzen sind schlecht geworden.
    B. Die Übertragung ist unterbrochen.
    C. Die Reifen sind platt.
    D. Die Zylinder sind nicht zylindrisch.

3. Warum empfiehlt der Mechaniker den speziellen Tune-up-Service?
    A. Weil er Karls neuer Freund sein will.
    B. Weil es möglicherweise dazu beitragen könnte, dass ein Fahrzeug älterer Bauart länger hält.
    C. Weil es dem Fahrzeug diesen Neuwagengeruch verleiht.
    D. Weil es das Auto so tunen wird, dass es bereit ist für Drag Racing.

English Translation

(Karl's car has been acting strange lately. He has brought it to a local mechanic to help diagnose and solve the problem.)

Mechanic: Hi there. What can I do for you today?

Karl: Hello. My car has been acting up lately. When I stop at a traffic light, the whole car starts vibrating. As soon as I start moving, however, the vibrating stops. Other than that, the car has been running fine.

Mechanic: OK, I see. Let me take a quick look at it and give it a brief test run. In the meantime, have a seat over there in the lounge area. I'll come and get you when I'm ready.

Karl: Alright. Thanks.

(While Karl watches TV and makes himself a cup of coffee in the lounge area, the mechanic opens the hood of the car and takes a closer look at the problem. After around 30 minutes, the mechanic calls Karl to the front desk.)

Mechanic: So, I checked the basics. I found that your oil is good. Your transmission is good. The tires are fine. The battery has no issues. There's no leakage anywhere. So, it's most likely a spark plug issue.

Karl: Oh, that's good news! I thought it was the transmission.

Mechanic: Nope. Not at all. Now, we can replace all the spark plugs and cylinders for you today with our special tune-up service. Would you be OK with that?

Karl: You need to replace the cylinders too? How much will that cost?

Mechanic: Well, the tune-up service for this older model would keep your car running much longer. If we do the full tune-up, it will come to a total of 400 euros.

Karl: Oh my god! I'm not sure I can afford that. Can I make a phone call real quick?

KAPITEL 25:
EINE ZWEITE MEINUNG

(Karl telefoniert mit seiner Mutter.)

Mutter: Hallo?

Karl: Hallo, Mama. Ich bin hier in der Autowerkstatt und frage mich, ob wir genug Geld haben, um die Reparaturen zu bezahlen.

Mutter: Wie viel kostet das?

Karl: Äh, 400 Euro.

Mutter: Oh, mein Gott. Was ist das Problem? Was ersetzen sie?

Karl: Sie sagen, es liege an den Zündkerzen und möglicherweise an den Zylindern.

Mutter: Liebling, das kostet keine 400 Euro zur Reparatur. Wir könnten das alles für weniger als 100 Euro ändern.

Karl: Aber sie boten ihren Tune-up-Service an, um sicherzustellen, dass das Auto besser läuft.

Mutter: Das nennt man Ausnutzen von Menschen. Mechaniker wissen, dass die meisten Leute keine Autokenntnisse haben, deshalb bieten sie alle möglichen teuren Dienstleistungen an, um den Preis in die Höhe zu treiben. Das ist alles unnötiger Mist, den man nicht braucht.

Karl: Oh, OK. Also, woher sollen wir die Autoteile bekommen?

Mutter: Es ist billiger, sie online zu bestellen. Lass uns das heute Abend machen.

Karl: Aber wie komme ich morgen zur Uni?

Mutter: Nun, dann muss ich dich einfach fahren, bis die Teile geliefert werden.

Karl: Das geht. Und, äh, ich bin nicht sicher, was ich Fynn sagen soll. Er braucht morgen eine Mitfahrgelegenheit zur Arbeit.

Mutter: Hat Fynn einen Job?

Fragen zum Verständnis

1. Was denkt Karls Mutter über das Angebot des Mechanikers?
    A. Sie ist der Meinung, dass Karl den Deal ausnutzen sollte.
    B. Sie glaubt, dass ein anderer Mechaniker ein besseres Angebot machen könnte.
    C. Sie glaubt, dass Karl den Mechaniker ausnutzt.
    D. Sie glaubt, dass Karl ausgenutzt wird.

2. Wenn Sie autoversiert sind, bedeutet das ...
    A. Sie haben wenig bis gar keine Kenntnisse und Erfahrungen mit Autos.
    B. Sie sind sachkundig und erfahren im Umgang mit Leichtgläubigkeit.
    C. Sie haben viel Wissen und Erfahrung mit Autos.
    D. Sie sind leichtgläubig, wenn es um Autos geht.

3. Wie wird Karl morgen zur Schule kommen?
    A. Fynn wird ihn absetzen.
    B. Fynn wird eine neue Stelle antreten.
    C. Seine Mutter wird ihn in den Wahnsinn treiben.
    D. Seine Mutter wird ihn absetzen.

English Translation

(Karl is on the phone with his mom.)

Mom: Hello?

Karl: Hi, Mom. I'm here at the car shop and was wondering if we have enough money to cover the repairs.

Mom: How much is it?

Karl: Uh, 400 euros.

Mom: Oh lord. What is the issue? What are they replacing?

Karl: They said it's the spark plugs and possibly the cylinders.

Mom: Honey, that does not cost 400 euros to fix. We could change all of that for less than 100 euros.

Karl: But they offered their tune-up service to make sure the car runs better.

Mom: That's called taking advantage of people. Mechanics know most people are not car-savvy, so they offer all kinds of expensive services to drive up the price. It's all unnecessary crap you don't need.

Karl: Oh, OK. So, where should we get the car parts?

Mom: It's cheaper to order them online. Let's do that tonight.

Karl: But how will I get to school tomorrow?

Mom: Well, I'll just have to drive you until the parts come in.

Karl: That works. And, uh, I'm not sure what to tell Fynn. He needs a ride to work tomorrow.

Mom: Fynn got a job?

KAPITEL 26:
VERLASSEN DES NESTES

(Nachdem sie das Auto repariert haben, entspannen sich Karl und seine Mutter bei Tee und Snacks).

Karl: Das war eigentlich gar nicht so schlecht. Ich dachte, es würde viel schwieriger werden, als es war.
Mutter: Ich habe es dir gesagt!
Karl: Wo hast du das ganze Zeug über Autos gelernt? Von Papa?
Mutter: Auf keinen Fall. Ich musste viel alleine lernen, um als alleinerziehende Mutter zu überleben. Man muss Kosten sparen, wann immer man kann.
Karl: Ich dachte mir, weil er gut mit elektronischen Reparaturen umgehen kann, kann er auch mit anderen Arten von Maschinen umgehen.
Mutter: Er hätte dir zumindest etwas davon beibringen können, bevor er ging.
Karl: Ja, nun, das hat er nicht. Und das ist lange her, nicht wahr?
Mutter: Es ist jetzt etwa 10 Jahre her.
Karl: Wie dem auch sei, ich glaube, ich habe mich entschieden, was ich auf dem College machen möchte.
Mutter: Oh, was ist denn das?
Karl: Ich glaube, ich möchte versuchen, im Ausland zu studieren.
Mutter: Oh. Wo?
Karl: Ich habe mich noch nicht entschieden, aber ich denke, irgendwo in Europa.

Mutter: Was hat dich dazu bewogen, zu reisen?

Karl: Ich habe das Gefühl, dass ich auf eigene Faust losziehen und eine Art Reise antreten muss.

Mutter: Das könnte man auch in diesem Land tun. Such dir einfach einen Job und eine eigene Wohnung.

(Karl kneift die Lippen fest zusammen und starrt aus dem Fenster, als eine lange Pause des Schweigens den Raum erfüllt).

Mutter: Wenn du gehen willst, musst du einen Weg finden, dafür zu bezahlen.

Karl: Dann muss ich einen Weg finden.

Fragen zum Verständnis

1. Wo lernte Karls Mutter über Autoreparaturen?
    A. Sie lernte von Karls Vater.
    B. Sie unterrichtete sich selbst, um Geld zu sparen.
    C. Sie ist von Beruf Mechanikerin.
    D. Alle alleinerziehende Mütter wissen, wie man ein Auto repariert.

2. Welche Reparaturen konnten Karls Vater wegen seiner beruflichen Erfahrung ausführen?
    A. Reparatur von Elektroautos
    B. Wartung und Reparatur von Elektrotechnik
    C. Reparatur elektronischer Geräte
    D. Elektromagnetische Feldstärkenmessung

3. Was hat Karl dazu bewogen, zu reisen?
    A. Er will seinen Vater suchen gehen.
    B. Er möchte eine Art Reise beginnen.
    C. Er will die Liebe seines Lebens finden.
    D. Er will seine Mutter beeindrucken.

English Translation

(After fixing the car, Karl and his mom relax by having some tea and eating some snacks.)

Karl: That actually wasn't too bad. I thought it would be much harder than it was.
Mom: I told you so!
Karl: Where did you learn all that stuff about cars? From Dad?
Mom: Absolutely not. I had to learn a lot on my own to survive as a single mom. You have to cut costs whenever you can.
Karl: I figured that because he was good with electronic repairs he was also good with other kinds of machines.
Mom: He could have at least taught you some of that before he left.
Karl: Yeah, well, he didn't. And that was a long time ago, right?
Mom: It's been about 10 years now.
Karl: Anywho, I think I've decided what I want to do college-wise.
Mom: Oh, what's that?
Karl: I think I want to try studying abroad.
Mom: Oh. Where?
Karl: I haven't decided yet, but I'm thinking somewhere in Europe.
Mom: What made you decide to travel?
Karl: I feel like I have to go out on my own and start some sort of journey.
Mom: You could do that in this country, too. Just get a job and your own place.

(Karl shuts his lips tightly and stares out the window as a long pause of silence fills the room.)

Mom: If you want to go, you'll have to find a way to pay for it.
Karl: Then I'll have to find a way.

KAPITEL 27:
DIE GROSSE BEFÖRDERUNG

(Karl ist in der Pizzeria und verhandelt mit Lina über eine Beförderung in eine Managementposition).

Lina: Sind Sie sich dessen sicher? Tun Sie es nicht, wenn Sie nicht 100 Prozent sicher sind.

Karl: Ich bin 100 Prozent sicher. Irgendwie muss ich Geld auftreiben, und das wird Ihnen auch ermöglichen, sich eine Auszeit zu nehmen.

Lina: Ich mache mir Sorgen, ob Sie mit dem neuen Stresspegel, der mit dem Managerdasein einhergeht, umgehen können oder nicht. Die Verantwortung, die der Job mit sich bringt, und Ihre Uniarbeiten werden im Laufe der Zeit einen Tribut von Ihnen fordern.

Karl: Sie sagten, Sie würden mich im Handumdrehen befördern, nicht wahr?

Lina: Ich hätte nicht gedacht, dass Sie den Job wirklich wollen.

Karl: Ich auch nicht, bis vor Kurzem. Ich habe das Gefühl, dass mein Leben im Moment in keine Richtung geht, also muss ich das in Ordnung bringen, indem ich Geld spare, um ins Ausland zu reisen.

Lina: Sie sagten, dass Sie dafür in einem Jahr gehen werden?

Karl: Das ist richtig.

Lina: Nun, auch wenn es nur ein Jahr ist, hätte ich lieber einen Manager auf Zeit als gar keinen Manager. Also, wenn alles gesagt ist: Willkommen an Bord, Manager Karl.

(Lina streckt gerne ihre Hand aus, und Karl streckt ihr selbstbewusst seine entgegen. Sie schütteln sich die Hände).

Lina: Lassen Sie mich Ihnen das Büro zeigen.
Karl: Aber sicher.

(Versteckt hinter den riesigen Stapeln Papierkram bemerkt Karl ein gerahmtes Bild eines Teenagers, der auf dem Schreibtisch sitzt).

Lina: Ich glaube, am besten fängt man mit dem an, was man als Führungskraft hier am meisten tun wird, nämlich das Personal zu beaufsichtigen. Sie neigen dazu, ziemlich gut im Umgang mit Menschen zu sein, aber lassen Sie mich Ihnen sagen, das das als Manager eine ganz andere Ebene ist!

Fragen zum Verständnis

1. Wenn etwas ein Tribut von Ihnen fordert, bedeutet das:
    A. Es wird Ihnen eine Gebühr berechnet.
    B. Es gibt Ihnen Geld.
    C. Es entzieht Ihnen Energie.
    D. Es versorgt Sie mit Energie.

2. Etwas im Handumdrehen zu tun, bedeutet ...
    A. es aus Angst zu tun.
    B. es sofort zu tun.
    C. es in Panik zu tun.
    D. es mit Leidenschaft zu tun.

3. Was liegt auf Linas Schreibtisch im Büro?
    A. Papierstapel und ein gerahmtes Porträt
    B. Zeitungsstapel und ein Teenager
    C. Geldstapel und Linas Selbstporträt
    D. Stapel von Pizzaschachteln und verbranntem Käse

English Translation

(Karl is at the pizza shop, negotiating a promotion to a management position with Lina.)

Lina: Are you sure about this? Don't do it unless you're 100 percent sure.

Karl: I'm 100 percent sure. I have to come up with money somehow, and this will also allow you to take time off.

Lina: I'm worried about whether or not you can handle the new level of stress that comes with being a manager. The responsibility of the job plus your schoolwork will take a toll on you over time.

Karl: You said you'd promote me in a heartbeat, didn't you?

Lina: I didn't think you'd actually want the job.

Karl: Neither did I until recently. I feel like my life isn't going in any direction right now, so I need to fix that by saving money to travel abroad.

Lina: You said that you'll leave a year from now to do that?

Karl: That's right.

Lina: Well, even if it's just a year, I'd rather have a temporary manager than no manager at all. So, with that said, welcome aboard Manager Karl.

(Lina gladly extends her hand and Karl confidently puts out his to meet hers. They shake hands.)

Lina: Let me show you around the office.

Karl: Sure thing.

(Hidden behind the massive stacks of paperwork, Karl notices a framed picture of a teenage boy, which is sitting on the desk.)

Lina: I think the best place to start is what you'll be doing the most as a manager here, which is supervising the staff. You tend to be pretty good at handling people, but let me tell you, as a manager, this is a whole other level!

KAPITEL 28:
DIE KOSTENLOSE
KONSULTATION

(Karl ist im Büro des Betreuers, um mehr über das Auslandsstudienprogramm zu erfahren).

Beraterin: Sind Sie jemals außer Landes gereist?
Karl: Nein.
Beraterin: OK. Und was versprechen Sie sich von der Teilnahme an unserem Programm?
Karl: Ich denke, ein Auslandsstudium wird mir helfen, meinen Platz in der Welt zu finden.
Beraterin: Ich denke, das kann durchaus helfen. Nun, sind Sie bereit, eine Fremdsprache zu studieren und zu lernen?
Karl: Natürlich.
Beraterin: Haben Sie Erfahrung mit dem Erlernen einer neuen Sprache?
Karl: Ich habe in der Schule Englisch gelernt.
Beraterin: Sehr gut. Haben Sie noch Fragen an mich zu unserem Programm?
Karl: Ich bin neugierig. Wie sind Sie hier als Beraterin gelandet?
Beraterin: Oh! Nun, ich habe während meines Studiums eine eigene Auslandsreise nach Irland unternommen und jede Sekunde davon geliebt. Infolgedessen wollte ich anderen helfen, mindestens einmal in ihrem Leben die gleiche Erfahrung zu machen.

Karl: Ah, das ist cool. Kann ich noch eine Frage stellen?

Beraterin: Sicher. Was gibt's?

Karl: Haben Sie im Ausland jemals Heimweh bekommen?

Beraterin: Aber natürlich! Aber es ist ein kleiner Preis, den man für eine lebensverändernde Erfahrung zahlen sollte. Es gibt ein Sprichwort, das es recht schön zusammenfasst: Um wirklich etwas Sinnvolles zu erreichen, muss etwas geopfert werden.

Fragen zum Verständnis

1. Was verspricht sich Karl von der Teilnahme am abroad-Studienprogramm?

    A. Hilfe bei der Suche nach seinem Platz in der Welt

    B. Hilfe bei der Suche nach der Welt

    C. Hilfe, die Welt auf sich selbst zu stellen

    D. Hilfe in sich selbst in seiner Welt platzieren

2. Welche Erfahrungen hat Karl mit dem Erlernen einer fremden Sprache?

    A. Er hat keine Erfahrung im Erlernen einer Fremdsprache.

    B. Er hat einen schwarzen Gürtel im Erlernen von Fremdsprachen.

    C. Er hatte Englisch in der Schule.

    D. Als Kind hatte er Karatekurse.

3. Was bedeutet es, Heimweh zu haben?

    A. Das eigene Zuhause zu vermissen, während man im Ausland lebt.

    B. Während des Auslandsaufenthalts die Heimat satt zu haben.

    C. Zu Hause krank zu sein.

    D. Einen Tag auf der Arbeit ausfallen zu lassen, weil man krank ist.

English Translation

(Karl is at the counselor's office to find out more about the study-abroad program.)

Counselor: Have you ever traveled outside the country?
Karl: No.
Counselor: OK. And what do you expect to gain by participating in our program?
Karl: I think studying abroad will help me find my place in the world.
Counselor: I think it absolutely can. Now, are you willing to study and learn a foreign language?
Karl: Of course.
Counselor: Do you have any experience learning a new language?
Karl: I learned English at school.
Counselor: Very well. Do you have any questions for me about our program?
Karl: I'm curious. How did you end up as a counselor here?
Counselor: Oh! Well, I went on my own study abroad trip to Ireland during college and loved every second of it. As a result, I wanted to help others have that same experience at least once in their lives.
Karl: Ah, that's cool. Can I ask another question?
Counselor: Sure. What is it?
Karl: Did you ever get homesick while abroad?
Counselor: Of course! But it's a small price to pay for a life-changing experience. There's a saying that sums it up quite nicely. In order to truly gain anything meaningful, something must be sacrificed.

KAPITEL 29:
INTERVIEW MIT EINEM
POLYGLOTTEN

(Um mehr über das Sprachenlernen zu erfahren, hat sich Karl Videos auf YouTube angesehen. Besonders ein Video erregt seine Aufmerksamkeit. Es ist ein Interview mit einem Polyglotten aus Italien, der darüber spricht, wie er zum Erlernen von acht verschiedenen Sprachen kam).

Interviewer: Wollen Sie damit sagen, dass Sie keine dieser Sprachen in der Schule gelernt haben?

Polyglotter: Das ist richtig. Englisch war das Erste, was ich gelernt habe. Ich habe in der Grundschule in Italien Englischunterricht gehabt, aber es fühlte sich an, als würden wir nur Listen mit Vokabeln und Grammatikregeln auswendig lernen. Dieser Unterricht half mir nicht, gesprochenes Englisch zu verstehen oder wie ein Muttersprachler zu sprechen.

Interviewer: Also, wie haben Sie diese Dinge gelernt?

Polyglotter: Im College hatte ich viel freie Zeit zur Verfügung. Es wurde mir langweilig, nach der Schule fernzusehen, Filme zu sehen und Videospiele zu spielen, also beschloss ich, etwas Anspruchsvolleres mit meiner Zeit anzufangen. Ich dachte mir, dass es das Beste wäre, alles dafür zu tun, um Englisch zu lernen. Ich verbrachte meine ganze Freizeit damit, Fernsehsendungen und Filme nur auf Englisch zu sehen, ohne deutsche Untertitel.

Interviewer: Wow. Wie viel davon konnten Sie anfangs verstehen?

Polyglotter: Praktisch nichts. Am Anfang war es sehr schwer, aber auch sehr spannend. Nach einigen Tagen des Zuschauens fiel mir auf, dass bestimmte Wörter und Sätze immer wieder wiederholt wurden. Ich schrieb sie in mein Notizbuch und schlug sie nach jeder Sendung online nach. Diesen Vorgang wiederholte ich immer wieder. Nach ein paar Monaten merkte ich, dass ich 90 Prozent des Englischen im Fernsehen und in Filmen verstehen konnte. Kurz darauf kam das Sprechen ganz natürlich. Ich war so erstaunt über den Lernprozess, dass ich hinausging und die gleiche Technik auf so viele Fremdsprachen wie möglich anwandte.

Fragen zum Verständnis

1. Was war das Problem des italienischen Polyglotten mit dem Englischunterricht?
    A. Er war zu teuer.
    B. Er war zu langweilig und stumpfsinnig.
    C. Es fühlte sich an, als ob die Lehrer sich nicht darum kümmerten, was sie lehrten.
    D. Es fühlte sich an, als würden die Schüler nur Wortlisten und Grammatikregeln auswendig lernen.

2. Wie lernte der Polyglotte während des Studiums Englisch?
    A. Er verbrachte seine gesamte Freizeit damit, zu lernen und die bestmöglichen Noten im Unterricht zu erhalten.
    B. Er verbrachte seine gesamte Freizeit damit, englisches Fernsehen und Filme ohne italienische Untertitel zu sehen.
    C. Er verbrachte seine gesamte Freizeit damit, englisches Fernsehen und Filme mit deutschen Untertiteln zu sehen.
    D. Seine gesamte Freizeit verbrachte er mit dem Auswendiglernen von Vokabellisten und Grammatikregeln.

3. Wie hat der Polyglotte die anderen Fremdsprachen gelernt?
    A. Er schrieb bestimmte Wörter und Ausdrücke immer wieder auf.
    B. Ihm wurde klar, dass er nach dem Erlernen der englischen Sprache 90 Prozent jeder anderen Sprache verstehen konnte.
    C. Er wiederholte Vokabular- und Grammatikregeln immer wieder, bis er sie auswendig gelernt hatte.
    D. Er wandte die gleiche Technik auf so viele andere fremde Sprachen an, wie er konnte.

English Translation

(To learn more about language learning, Karl has been watching videos on YouTube. One video in particular catches his attention. It's an interview with a polyglot from Italy who is discussing how he came to learn eight different languages.)

Interviewer: You're saying you didn't learn any of these languages through school?

Polyglot: That's correct. English was the first one I learned. I took English classes during grade school in Italy, but it felt like we were just memorizing lists of vocabulary words and grammar rules. Those classes did nothing to help me understand spoken English or speak like a native.

Interviewer: So, how did you go about learning those things?

Polyglot: In college, I had a lot of free time on my hands. I got bored with watching TV and movies and playing video games after school, so I decided to do something more challenging with my time. I figured that going all out to learn English would be the best thing I could do. I spent all my free time watching TV shows and movies in only English, with no Italian subtitles.

Interviewer: Wow. How much of it could you understand at first?

Polyglot: Practically zero. It was very hard at first but also very exciting. After a few days of watching, I started noticing certain words and phrases were being repeated over and over. I wrote those down in my notebook and I looked them up online after each show ended. I kept repeating this process over and over. After a few months, I realized I could understand 90 percent of the English in TV and movies. Shortly after, speaking came very naturally. I was so amazed by the learning process that I went out and applied the same technique to as many foreign languages as I could.

DID YOU ENJOY THE READ?

Thank you so much for taking the time to read our book! We hope that you have enjoyed it and learned more about real German conversation in the process!

If you would like to support our work, please consider writing a customer review on Amazon. It would mean the world to us!

We read each and every single review posted, and we use all the feedback we receive to write even better books.

ANSWER KEY

Chapter 1:
1) B
2) D
3) C

Chapter 2:
1) A
2) B
3) C

Chapter 3:
1) D
2) D
3) C

Chapter 4:
1) B
2) A
3) D

Chapter 5:
1) C
2) D
3) C

Chapter 6:
1) A
2) D
3) D

Chapter 7:
1) D
2) A
3) D

Chapter 8:
1) B
2) A
3) B

Chapter 9:
1) C
2) A
3) D

Chapter 10:
1) B
2) B
3) C

Chapter 11:
1) C
2) A
3) C

Chapter 12:
1) A
2) B
3) B

Chapter 13:
1) D
2) B
3) D

Chapter 14:
1) C
2) C
3) C

Chapter 15:
1) A
2) C
3) A

Chapter 16:
1) D
2) A
3) B

Chapter 17:
1) B
2) A
3) B

Chapter 18:
1) D
2) D
3) D

Chapter 19:
1) B
2) D
3) B

Chapter 20:
1) A
2) D
3) C

Chapter 21:
1) A
2) B
3) C

Chapter 22:
1) C
2) B
3) A

Chapter 23:
1) B
2) B
3) B

Chapter 24:
1) A
2) A
3) B

Chapter 25:
1) D
2) C
3) D

Chapter 26:
1) B
2) C
3) B

Chapter 27:
1) C
2) B
3) A

Chapter 28:
1) A
2) C
3) A

Chapter 29:
1) D
2) B
3) D

Made in the USA
Las Vegas, NV
12 May 2021